# ファシズムの教室

## なぜ集団は暴走するのか

田野大輔
Tano Daisuke

大月書店

# はじめに

2018年8月16日、『朝日新聞』夕刊社会面に「ハイル、タノ!」の見出しが躍った。ある大学の授業を取り上げた記事だ。

「なぜ人は、大勢の仲間がいると、過激な言動ができてしまうのだろう。いじめ、ヘイトスピーチ、ネット上の私刑……。戦時中は、隣人同士でお互いの言動を監視し合っていた。不寛容な空気が、今の日本にも漂っていないか。その正体に少しでも近づきたいと思い、ある大学の体験学習に参加してみた」

この授業では、学生たちが一斉に「ハイル、タノ!(タノ万歳!)」と叫んでナチス式の敬礼をし、笛の音に合わせて教室やグラウンドで行進や糾弾をおこなうのだという。教師扮する指導者のもと、独裁体制の支持者と化した学生たちが、同じ制服を着てファシズムのような示威行動をくり広げる授業。それが「ファシズムの体験学習」である。

もちろん、これはファシズムの肯定を目的とした授業ではない。その反対に、ファシズムの

危険性を認識してもらうことが目的であり、充分な配慮のもとで実施されている。なお、「タノ」とは授業を実施している私の名前（田野）である。

本書は、私が勤務先の甲南大学で毎年実施してきた「ファシズムの体験学習」を紹介しながら、ファシズムの仕組みと成り立ちを集団行動の観点から社会学的に解説するものである。

なぜ今さらファシズムなのかと思う向きもあるかもしれない。だが冒頭の記事にもあるように、近年問題になっているヘイトスピーチなどにも、ファシズムと共通の仕組みを見出すことができる。「ファシズムの体験学習」の受講生たちは、そうした現代的な問題への対処の仕方も学ぶことになるのである。

今日の日本や世界を支配する不寛容な空気や、ファシズムが再来しつつあると言われる状況に危機感を抱く多くの方々には、本書から何かしら学べることがあると思われる。また、そうした危機感を若い世代に伝えたいと考えている教育関係者の方々にも、一大学教員の立場から問題提起をおこなったつもりである。

ちなみに、私の専門は歴史社会学・ドイツ現代史で、とりわけナチス時代のドイツを研究対象としている。

●

そもそも、「ファシズム」とはいったい何だろうか。

私たちは普通、この言葉を歴史上の事象を説明するのに用いている。

歴史的現象としてのファシズムとは、第一次世界大戦や世界恐慌による混乱を背景に、ドイツやイタリアなどで台頭した独裁的・全体主義的な政治運動・体制を指し、議会制民主主義の否定、偏狭な民族主義や排外主義、暴力による市民的自由の抑圧といった特徴をもつものである。

このような定義なら、高校世界史の教科書にも載っている。テレビや新聞で伝えられるのも、ヒトラーやムッソリーニといった独裁者が強大な権力を握り、宣伝や武力を駆使して国民を厳しく統制する、恐怖政治のイメージだ。

ファシズムをめぐっては、これまでも様々な議論がおこなわれ、数多くの研究が蓄積されてきた。もちろん、それらをふまえてファシズムの特徴を正しく把握する努力は必要である。

しかし、歴史的現象としてのファシズムに焦点を当てた従来の研究は、ファシズムが時代・地域ごとに異なる複雑で多面的な特徴をもっていることを明らかにした一方で、かえってその根本的な本質をぼやけさせてしまった面がある。今日ではファシズム概念の精緻化が進むにつれて、その代表的事例であるはずのナチズムもこれに当てはまらなくなるという皮肉な事態さえ生じている。

それでは、ファシズムの本質とは何なのか。本書で詳しく説明するように、これを究明する鍵は何よりも、集団行動がもたらす独特の快楽、参加者がそこに見出す「魅力」に求められる。大勢の人びとが強力な指導者に従って行動するとき、彼らは否応なく集団的熱狂の渦に飲み込まれ、敵や異端者への攻撃に駆り立てられる。ここで重要なのは、その熱狂が思想やイデオロギーにかかわりなく、集団的動物としての人間の本能に直接訴える力をもっていることだ。

全員で一緒の動作や発声をくり返すだけで、人間の感情はおのずと高揚し、集団への帰属感や連帯感、外部への敵意が強まる。この単純だが普遍的な感情の動員のメカニズム、それを通じた共同体統合の仕組みを、本書ではファシズムと呼びたい。

もちろん、これは最大公約数的な定義にすぎず、複雑で多様な実態を説明するには不充分である。ファシズムはこのようにわかりやすい形で発生するわけではなく、その時々の社会状況に対応した形で、具体的な特徴をもって登場する。

しかし、ファシズム的と呼びうる様々な運動にはほぼ共通して、複雑化した現代社会のなかで生きる人びとの精神的な飢餓感に訴えるという本質的な特徴がある。それゆえ、そうした運動が人びとを動員しようとするやり方も、きわめて似通ったものとなる。すなわち、強力な指導者のもと集団行動を展開して人びとの抑圧された欲求を解放し、これを外部の敵への攻撃に誘導するという手法である。権威への服従を基盤としながら、敵の排除を通じて共同体を形成しようとすること、そこにファシズムの根本的な仕組みがある。

●

ファシズムをこのように理解するなら、それは過去の歴史的現象にとどまらず、今日でも容易にくり返されるものと見ることができる。それどころか、アメリカのトランプ現象からドイツの排外主義運動、さらには日本のヘイトデモにいたるまで、世界中でファシズムが再来しつつあると言ってよいかもしれない。

これらの運動が台頭した原因を考えるうえでも、参加者たちが過激な行動のなかで感じる解放感、自分の感情を存分に敵対者にぶつける「自由」の経験に注目することが必要である。ファシズムは決して抑圧的なものとは限らず、愛国心や大義への献身を鼓舞しつつ、人びとを積極的な行動に駆り立てる力をもっている。そうした危険性に目を開かせることが今、求められているのである。

ファシズムの教室

なぜ集団は暴走するのか

# 目次

# 第1章

# ヒトラーに従った家畜たち？

「私は民族共同体から排除されました」と書かれたプラカードをかけられたドイツ人女性（25ページ参照）

一糸乱れず行進する隊列、波打つハーケンクロイツの旗、拳を振り上げて熱弁をふるうヒトラー、雷鳴のようにとどろく歓呼の声……。

私たちの多くが思い描くナチスの姿は、おおむねこういったものであろう。壮麗な集会やパレードによって大衆を魅了したナチズムという、この広く人口に膾炙したイメージは、いったいどこまで実態を反映しているのだろうか。

ファシズムの仕組みを理解するうえでは、ヒトラー政権下のドイツで実際に何が起こっていたかを知ることが欠かせない。まず本章で、ナチズムという歴史的事例をもとに、ファシズムが人びとを巻き込んで暴走していくメカニズムを考えることにしよう。

## 1　小さな権力者たちの暴走

### ■「大衆運動」としてのナチズム

ナチス時代のドイツというと、独裁者ヒトラーが絶対的な権力を握り、国民を無理やり従わせていたというイメージで捉えている人が多い。

今でも一般向けの解説などでは、ナチスの暴力が社会を覆い尽くし、人びとの自由な活動を抑圧した体制という見方が提示されることがよくある。ゲシュタポ（秘密国家警察）などの機関が国民の生活をすみずみまで監視し、少しでも反対の姿勢を示す者がいたらすぐに捕まえて強制収容所に放り込んだ暗黒時代。こうした単色のイメージが、ナチスに対する私たちの見方を規定しているといってよい。

だが意外なことに、この時代を経験した人びとに対する戦後の聞き取り調査では、戦争がはじまるまでは「よい時代」だったと回想した人が多かったという。それは取りも直さず、国民の多くがナチスの支配に基本的に同意していたことを意味している。

実際、ナチス政権下では何度か国民投票がおこなわれ、ヒトラーがおこなった様々な政策に対する国民の総意が問われたが、公正な選挙ではないにせよ、90％前後の支持が表明された。当時の世論を監視していた警察当局の報告書も、国民の多くがナチス政権の個々の政策には批判や不満を抱きながらも、ヒトラーの内政・外交上の成果には明確に賛同していたことを確認している。

ナチズムは大衆運動であって、この運動に加わった人たちは多かれ少なかれ積極的にヒトラーを支持していた。近年の研究では、「合意独裁」という見方も提示されている。ヒトラーが独裁的な権力を握っていたことは確かだが、その支配が広範な国民からの積極的な支持によって支えられていたことは見逃せない。

## ■プロパガンダ論の限界

他方、一般大衆がヒトラーに喝采を送った理由を、ナチスの巧妙なプロパガンダ（宣伝）による洗脳に求める人も多い。ヒトラーの巧みな弁舌が多くの人びとを惹きつけ、ラジオや映画を通じて国民全体を熱狂の渦に巻き込んだという見方は、一般的なナチス・イメージの基調をなしている。

だがそのように考えるのも、歴史的な現実を過度に単純化することになろう。そうした見方は現実の一端を突いているとはいえ、ドイツ人が自分の意思をもたずに、あるいは恐怖に怯《おび》えながら、ハーメルンの笛吹き男の笛の音に誘われるまま、夢遊病者のごとく従っていたかのような誤った認識をもたらしかねない。

ヒトラーがもっぱら暴力や宣伝の力で人びとを家畜のように従わせていたという見方では、ナチス政権下の支配と服従の関係を充分に説明することはできない。ドイツの国民は騙され脅されて動員されたのではなく、多かれ少なかれ自ら積極的に隊列に加わったのだった。

　そこで考えるべきは、一見家畜の群れのように独裁者に従っていた人びとが、そこにどんな魅力を感じていたのかということである。彼らを積極的な支持へと走らせたものは、いったい何だったのか。

## ■末端の権力者を突き動かすもの

　いったんナチスから離れて問題を考えてみたい。中沢啓治の漫画『はだしのゲン』（１９７３年～１９８７年）は、中沢自身の広島での被爆体験に基づいて著された自伝的な作品だが、ナチス時代のドイツ人の行動を考えるうえでも参考になる。

『はだしのゲン』には、戦時中にゲンの一家をいじめていた町内会長が出てくる。ゲンの一家は進歩的な考えをもっていたので、町内会長は一家を「非国民」と呼んで、事あるごとにいじめていた。

　ところが戦後、町内会長は政治家として選挙に立候補し、自分は戦時中から戦争には反対だった、一部の政治家が日本をおかしくした、けしからんやつらだと言って、戦時中の政府を批判する演説をおこなった。

　それをたまたまゲンが聞いて、「戦時中と言っていることが全く違うじゃないか、日本が戦

ゲンと町内会長（中沢啓治『はだしのゲン』第５巻）

争に負けたら平和の戦士を気取るとは都合がよすぎるぞ」と批判するのである。このように戦中と戦後で態度を豹変させた人は、ドイツにもたくさんいた。

ここで注目したいのは、町内会長の行動である。確かにゲンが言うように、町内会長は戦中と戦後で言っていることが真逆なので、調子のいい偽善者のように見えるかもしれない。だが見方を変えれば、彼の言動は戦中と戦後で矛盾していない。時代ごとの正義、誰もが逆らえない権威を笠に着て、これに従わない人びとを抑圧しようとしている点では、彼の姿勢は一貫しているのである。

この町内会長のような末端の権力者は、権威を後ろ盾に異端者を攻撃することで、自分の地位と力を得ている。ゲンの一家のような異端者を非難するだけで、常に強者の側に立って権力を行使することができる。その意味からすれば、彼らは単純な処世術に従って行動しているだけだと言える。

『はだしのゲン』を読むと、町内会長はその時々の正義を振りかざしてはいるが、実際にやっていることは私怨の発散で、戦中はゲンの一家をいじめることで自分の不満や鬱憤を晴らしていることがわかる。戦後は政治家として権力と富を手に入れたいという、自分の利益の追求をしていると言えるだろう。一見大義名分に従って行動しているように見えるが、その実態は憂さ晴らしと私利私欲の追求である。

大きな権力に従うことで自分も小さな権力者となり、虎の威を借りて力をふるうことに魅力を感じているのである。

## ■権威への服従がもたらす「自由」

ここで少し、社会心理学的な観点から問題を考えてみよう。参考になるのは、ドイツ映画『es［エス］』*Das Experiment*（2001年）、スタンフォード監獄実験という心理学の有名な実験を映画化した作品である。

映画ではまず、新聞広告で被験者が15人ほど集められる。被験者は看守役と囚人役に分けられ、大学の構内につくられた模擬監獄で2週間生活することになる。ところが実験がはじまると、囚人役に対する看守役の暴力がエスカレートしていく。

映画ではこのように、普通の人間が監獄という状況のなかで凶暴化していく様子がありありと描かれ、最終的に悲惨な結末を迎えることになるのだが、実際の監獄実験はわずか6日で中止された。実験の過程で看守役の虐待が激化し、囚人役のなかに精神に異常をきたす者が出たため、外部の弁護士が介入して実験をやめさせたのである（なお、この実験については近年、被験者への演技指導があったのではないかとの疑義も出されている）。

映画『ｅｓ〔エス〕』には、暴力がエスカレートする最初のきっかけとして、何人かの看守が騒ぎ出した囚人たちを鎮めようと、消火器を噴射するシーンが出てくる。看守らは囚人たちの暴動を鎮圧した後、彼らの服をすべて脱がして裸にし、手錠をかけて監獄の柵にくくりつけた。

このように屈辱を与えた後で、看守たちが控室に戻ってきたときに発した言葉が重要である。ある看守が「少しやりすぎじゃないか」と言ったのに対し、別の看守が「まずかったら上の連中がやめろと言うはずだ」と答えるのである。

この言葉に、権威に服従する人間の心理が如実にあらわれている。権威に服従している人は、いわば「道具的状態」に陥っている。自分の意思で行動しているのではなく、上の命令者の意思の道具になっているのである。

この場合、彼らは客観的に見ると従属的な立場にいるのだが、本人の内面では自分が何をしても責任を問われないという、解放感とでも呼ぶべきものが生じている。逆説的なことに、服従によってある種の「自由」が経験されているのである。

監獄実験が明らかにしたのは、権威への服従が人びとを道具的状態に陥れ、無責任な行動に走らせるということである。この実験で看守役の暴力がエスカレートしたのも、権威への服従がもたらした独特の心理状態が原因である。

しかも重要なのは、そうした残虐性が個々人の性格によってではなく、監獄という特殊な状況によって生み出されたものだということである。看守役と囚人役を監獄のような状況に置くだけで、看守役がどんな人間であろうと残虐な行動に出るようになる。

権威への服従が人びとの責任感を麻痺させ、残虐な行動に走らせる。この監獄実験の知見は、普通の市民が一定の条件下では他人に電気ショックを与える残虐な行為に及ぶことを明らかにした、ミルグラム服従実験の結果とも符合する。

## ■ユダヤ人迫害のメカニズム

ヒトラー政権下のドイツ人の行動にも、同じようなメカニズムを見出すことができる。ナチスがユダヤ人を人種的に差別・迫害したことはよく知られているが、それが激烈な暴力に帰着

悪の権化ユダヤ人

したのも、権威への服従が人びとの心理に及ぼす独特の影響によるところが大きい。

ユダヤ人への憎悪をかき立てることは、ナチ党のプロパガンダの重点の一つだった。悪名高い反ユダヤ主義的な機関紙『突撃者（デア・シュトゥルマー）』は、ポルノまがいの性的なイメージを用いて「敵」であるユダヤ人への憎悪を絶えず煽り立てていた。同紙に掲載されたあるイラストは、醜いユダヤ人が可憐なブロンドのドイツ人女性を陵辱しているところを描いている。

こういうイラストを見て、同紙の読者は何を感じたのだろうか。おそらく、「こんなことをするユダヤ人はひどいやつらだ」と憤った者も多かったと思われる。性欲を満たすために罪のない女性をいたぶるのは、誰にとっても許しがたい行為だ。読者がナチスの煽動に感化される形で、ユダヤ人の悪行に憎悪を抱いても不思議ではない。

「ドイツの破滅をはかるユダヤ人の巨大な陰謀」に対しては、どんなに過激な暴力も自衛手段として正当化されることになる。このようにしてナチスは多数派の人びとの被害者意識を刺激し、彼らにユダヤ人への報復行動に出るようそそのかしていたのだった。

ユダヤ人への暴力は、人びとの身近な日常生活に関わるところでも生じていた。そうした行動の一つとして、いわゆる「人種汚辱」キャンペーンが挙げられる。

これはユダヤ人排斥の一環として、ナチ党が中心になって全国各地で実施したものである。ユダヤ人とドイツ人のカップルを捕まえて公衆の面前で罵倒し、「ドイツ人の神聖な血を汚した忌むべき存在」として晒《さら》し者にした。ユダヤ人を夫にもつドイツ人女性や、ユダヤ人と交際中のドイツ人女性などが主に標的にされたようで、男性がユダヤ人で女性がドイツ人というケースが大半を占め、男女が逆のケースは少なかったようである。

その様子を写した写真を見てみよう。若い女性が「私はドイツの女性なのにユダヤ人と寝ました」と書かれたプラカードを首にかけられ、何人もの突撃隊員たちに囲まれながら、町の目抜き通りを歩かされている。「私は民族共同体から排除されました」と書かれたプラカードを首にかけられた女性が、広場の中心に独りで座らされている様子を写した写真もある（本章扉）。

いずれの写真にも、異端者を晒し者にする権力者と同調者たちがたくさん写っている。ゲンの一家をいじめた町内会長と同じように、当時のドイツ人の多くも強い権威の側につき、そこ

異端者を晒し者にする権力者と同調者たち

からはみ出す者、異端者や裏切り者を寄ってたかって攻撃するような行動を取っていたのである。

突撃隊員たちの脇を一緒に歩いている女性の表情に注目したい。「ざまあみろ」とでも思っているのか、野次馬として行列に加わっているだけなのか、ともかく楽しげな様子である。ナチ党側がこうした行動を事前に告知したこともあって、町の広場や目抜き通りには見物人がたくさん集まり、遠巻きに様子を眺めている。

権力者と同調者・傍観者たちが一緒になって敵や異端者を排除し、それを町ぐるみで一種のショーとして演出しているわけである。

## ■「水晶の夜」の暴動

こうした差別的・排外主義的な運動は、ときに攻撃衝動を抑制する理性の箍《たが》を外して、人びとを野蛮な暴力の行使に駆り立てることがある。

１９３８年11月にドイツ全土で発生した反ユダヤ主義暴動、いわゆる「水晶の夜」のポグロム（集団的迫害）は、加害者たちがある種の解放感から過激な暴力に及んだことを示している。

ユダヤ人への報復行動を呼びかけるゲッベルス宣伝相の演説を引き金に生じたこの暴動では、ナチ党・突撃隊に動員された暴徒の群れが各地のユダヤ人街を襲撃し、ユダヤ教のシナゴーグ（会堂）への放火、ユダヤ人の商店や住居の破壊といった狼藉《ろうぜき》行為をくり広げた。特徴的だったのは、集団的な暴行と略奪である。暴徒たちは押し入った住居や商店でユダヤ人を袋叩きにし、調度品や商品を破壊・略奪するなど、暴虐の限りを尽くした。

権力の後ろ盾のもとでは好き放題に暴れまわっても罰せられないという状況が、多数の人びとを過激な暴力に駆り立てたことは明らかである。彼らは上からの命令を錦の御旗にして、存分に欲求を満たすことのできる「自由」を享受していたと言えるだろう。

権力者の号令のもと「悪辣な敵」に義憤をぶつけるとき、人びとは正義の側に立ちながら、自分の不満や鬱憤を晴らすことができる。そこではどんなに過激な暴力をふるおうと、上からの命令なので行動の責任は問われない。権威の庇護のもと万能感にひたりながら、自らの攻撃衝動を発散することが許される。

ナチス時代の社会はこういうメカニズムによって形成され、維持されていた面があった。ヒトラーという権威に従う小さな権力者たちが、多くの同調者や傍観者を巻き込みながら敵や異端者を排除し、つくりあげていく多数派の共同体。それがナチスの言う「民族共同体」である。

## 2 「民族共同体」という理想郷

### ■階級のない「公正」な社会

ナチスは自分たちの社会を「民族共同体（フォルクスゲマインシャフト）」と呼んでいた。これは彼らにとって最も重要な理念で、この民族共同体という一致団結した社会を建設することがヒトラーやナチ党の目標であった。

民族共同体は、内部に対してはすべての成員の結束を、外部に対してはあらゆる敵と異端者の排除を求める社会であり、絶えず敵と味方を区別することで、同質性と凝集性が維持・強化される仕組みになっていた。

ナチスは多くの人びとに「悪辣な敵」への憎悪を抱くよう仕向けることで、彼らを道徳的に

「正しい」味方の側に引き込もうとしていたと言うことができる。それでは、この「味方」の世界としての民族共同体はどういう社会だったのだろうか。

ナチ党女性団体の機関誌の表紙を見てみよう。中央に兵士が立ち、その両脇にシャベルをもった労働者と、鎌をもった農民が立っている。三人の後ろには、母親と子どもが描かれている。前に立つ三人は、母子を後ろにして外側を向いている。外部の敵と異端者から、自分たちドイツ人の家庭を守っているという構図である。

ナチ党女性団体の機関誌の表紙

そして説明文には、「われわれは帝国を担い、建設する。労働者・農民・兵士」と書かれている。職業は違っても、この三者いずれも民族共同体の担い手であり、建設者だということである。

民族共同体という言葉自体がそうだが、ナチスは絶えず身分や階級を超えた結束や連帯を強調していた。何らかの崇高な大義、ここではドイツの平穏な家庭を守るという正義のために、一致団結する社会が理想とされていたのだった。

身分・階級を超えた結束や団結は、ヒトラーの演説でも必ず強調されたポイントである。だがその内容はいつも似たり寄ったりで、基本的に「貧しい人も富める人も、労働者も知識人も、みんな力を合わせて、ドイツのためにがんばろう」ということしか言っていない。それが民族共同体という言葉の意味するところであって、階級対立の克服という目標がナチスにとっては重要だったのである。

ナチスは様々な取り組みを通じて、民族共同体を一種の「無階級社会」として提示しようと努力していた。そうした取り組みの一つに、労働者階級を称揚する宣伝キャンペーンが挙げられる。

それまで肉体労働者は、精神労働者である知識人に比べて蔑視されていたのだが、「これからの社会では、肉体労働者も精神労働者も、ドイツのために働く点では一緒だから、手をたずさえてがんばろう」と肉体労働者を称揚したのである。

これとは逆に、一部の資本家や知識人は、ろくに働きもしないのに贅沢三昧でけしからん、不当利得者だとして批判された。ナチ党のプロパガンダが絶えず非難していたのは、「道徳的に堕落した拝金主義者」のユダヤ人だったが、たとえドイツ人であろうと、人から搾取して不当に利益を得ているとにらまれた人たちは糾弾された。いずれにせよ、ある種の「公正さ」が要求されていたことは疑いない。

近代芸術への攻撃として悪名高い「退廃芸術展」にしても、「特権」をもつ人びとへの反発を煽動する目的があった。

この展覧会では、表現主義、ダダイズム、新即物主義、キュービズムなど、「退廃」の烙印を押された数多くの作品が晒しものにされたが、庶民には理解できない前衛芸術への憎悪、そのような「出来損ない」の作品に多額の税金を支出した美術館や公務員への反感を煽る意図があったことは明らかである。

ナチスはいわゆる「健全な民族感情」に訴えて、芸術の評価権を「普通の人間」の手に取り戻すことを要求した。その意味で、彼らの主張は「大衆の正義」を求めるポピュリズム的感情を刺激するものだった。

## ■「喜び」を通じて「力」を

国民の歓心を買うための取り組みとしてさらに重要だったのは、労働者に対する実利の提供である。

それまで多くの労働者には、旅行に行ったり車を運転したりする機会はほとんどなかった。

ナチスは労働者に旅行やスポーツといった余暇活動への参加の機会を与え、ラジオや自動車をはじめとする魅力的な消費財の提供を約束することで、彼らの支持を取り付けることにつとめた。

労働者の余暇を充実させる目的で、「歓喜力行団《かんきりきこうだん》（クラフト・ドゥルヒ・フロイデ）」という名称の組織もつくられた。直訳すると、「喜びを通じて力を得よう」という意味である。労働者にドイツ各地への団体バス旅行を斡旋したり、大型客船でノルウェーのフィヨルドやポルトガルのマデイラ島を周遊するクルーズ旅行を催したり、バルト海のリューゲン島に2万人もの人びとが利用できるリゾートを建設したりするなど、巨大な旅行代理店のような活動をしていた。

その名称が示す通り、労働者に「喜び」を与えることで、彼らの働く「力」を向上させようとしたのである。利用者にとっては、真面目に働いた者が報われる「公正」な社会の到来と受け取られたに違いない。

ナチスはさらに、国民の消費生活水準を向上させる取り組みにも力を入れた。ドイツを代表する自動車メーカーにフォルクスワーゲンがあるが、カブトムシのような形をした同社の乗用車「ケーファー（ビートル）」はヒトラー政権下で開発された車で、当時は「歓喜力行団の車」

と呼ばれていた。それまで特権階級しか所有できなかった自動車を、労働者にも手の届くものにしようという謳い文句で宣伝された。

その後すぐに戦争がはじまったため、ナチス時代には生産されず、約束だけに終わってしまったのだが、工場は完成していたので、戦後まもなく生産が開始された。単一モデルとして世界で最も売れた自動車で、その累計生産台数の記録はギネスブックにも載っている。

フォルクスワーゲンに試乗するヒトラー

ナチスはそれまで特権階級しか得られなかった喜びを労働者にも提供することで、彼らを民族共同体に統合し、平等な社会を実現しようとしていた。社会的に恵まれない労働者の生活水準を向上させようとする取り組みは、「社会主義的」と言えるような性格さえ有していた。そこにはまさに、多くの人びとを体制の受益者・積極的な担い手として取り込もうとする「合意独裁」の本質があらわれている。

国民の願望を満たそうとするナチスの取り組みを、単なる嘘にまみれたプロパガンダと見るのは正しくない。そのような見方は、民族共同体の実現に向けた彼らの努力、人びとがそこに見出した真正さを軽視することにつながる。

　ドイツの国民は騙され脅されて動員されたのではなく、ヒトラーの訴えに心を動かされたがゆえに従ったのだった。これによって民族共同体は、単なる幻想にとどまらない一定の現実性を帯びることになったのである。

## 3　統合の核としての指導者

### ■『意志の勝利』に見るヒトラー

　それでは、民族共同体と独裁者ヒトラーの関係はどうなっていたのだろうか。これを簡単に説明すると、民族共同体は国民全体が結束して統合された社会であり、その核となるのがヒトラーだということになる。

　ヒトラーは混乱を極めたヴァイマール共和国の議会政治に代えて、強力なリーダーのもと一致団結したドイツ、民族共同体という「理想社会」を実現しようとした。これを説得的に提示するため、ナチ党大会で壮大な式典を演出した。

レニ・リーフェンシュタールという女性監督が撮った記録映画『意志の勝利』*Triumph des Willens*（1935年）は、1934年にニュルンベルクで開催された党大会を撮影したものである。総統ヒトラーに喝采を送る大衆、一糸乱れぬ隊列行進を圧倒的な映像美で描き出して、私たちのナチス・イメージに決定的な影響を与えた。この映画の主役がヒトラーで、彼の登場シーンが大半を占めていることは確かである。実際、映像の多くはヒトラーを下から見上げて撮ることで、彼を偉大な指導者として理想化している。

だがこの映画をよく見ると、ヒトラーが単なる独裁者ではなかったこともわかる。当時の国民世論に関する警察当局の報告書でも、ヒトラーが民衆の間で人気を集めていた事実がたびたび指摘されているが、その最大の理由は彼が庶民の味方で、貧しい労働者の気持ちを理解し、代弁してくれる人物と思われていたからである。

実際にヒトラー自身、若い頃は貧しく不安定な生活を送っていた。ほかの政治家と比べると出身階層が低いこともあって、多くの人は彼を庶民の気持ちがわかる政治家だと考えていた。ドイツの首相になってからも、絶えず総統と国民の一体性が強調され、「ヒトラーは民衆から出て、民衆のなかにとどまっている」などという神話が、ゲッベルスによってくり返し喧伝された。

『意志の勝利』の冒頭シーンには、ヒトラーが飛行機でニュルンベルクの町にやってくる様子が映っている。飛行場から宿泊先のホテルまでの沿道を、オープンカーに立ってパレードしながら進んでいくシーンが15分ほど続く。

カメラはおおむねヒトラーを斜め後ろから撮影しているので、画面には彼の後ろ姿と、その向こうの沿道の群衆が映っている。つまり、この映画の観客はヒトラーと視線を同一化させる形で、彼に喝采を送る人びとを見ることになる。

『意志の勝利』の冒頭シーン

観客は沿道の人たちと同じ立場だから、いわば総統の視線を通じて自分自身の姿を見ていると言うことができるだろう。
『意志の勝利』はヒトラー崇拝を映像化した作品とよく言われるのだが、このように見ると、それは大衆の自己崇拝と表裏一体だったと言うことができる。そうした自己陶酔的な興奮が、ヒトラーの人気の秘密だったのである。

## ■「アイドル」としてのヒトラー

ヒトラーの人気の理由は、ほかの角度からも説明することができる。

ナチス時代、ヒトラーの民衆的な人気を反映して、彼を取り上げたたくさんの写真集が発売されていた。タバコを買うともらえる写真を貼り付けて完成させるアルバムが発売され、その発行部数が30万部以上もあったのである。

ヒトラーは独身で家庭をもっていなかったが、オーストリアに近い山岳地域のオーバーザルツベルクに山荘をもっていて、そこで何か月も休暇を過ごすのをならわしとしていた。その休暇中のヒトラーに焦点を当てた写真集が何種類もあり、それぞれ数十万部発行されていた。当時のドイツでは、どの家庭にも一冊はあったのではないかと思われるほどの発行部数である。

「総統も笑うことがある」

そういう写真集で強調されているのは、ベルリンで公務に就いているときの厳しく険しい顔をしたヒトラーではなく、休暇をゆったりと過ごしている彼の打ち解けた人間的な表情である。ある写真のキャプションには、「総統も笑うことがある」と書かれている。「われわれが知っているヒトラーは厳しい顔をした総統だが、私生活ではこんなに温和な表情を見せることもある」というギャップが、ここでは強調されている。

リーフェンシュタールが撮ったベルリン・オリンピックの記録映画『民族の祭典』*Fest der Völker*（1938年）にも、このような表情をしたヒトラーが登場する。ヒトラーは全部合わせても1分ほどしか登場せず、競技の合間に時々ちらっと映る程度だが、そういう映像では、ドイツの選手が競技で活躍するのが嬉しくてたまらないといった表情をしている。

無邪気に競技の観戦を楽しんでいるようなヒトラーの表情を見た観客は、彼は自分たちと同じ感情をもっている、ほかのお偉方とは違うと感じたに違いない。そこにヒトラーへの信頼感、愛着の秘密がある。

当時のドイツ人にとって、ヒトラーはまさにアイドル（偶像）だったと言えるだろう。

## ■「普通の人間」のイメージ

もう少しこの問題を考えていこう。当時ヒトラーを目撃した人びとに、戦後インタビューをしてまとめた資料集がある。それを読むと、「ヒトラーは偉大で厳しい表情をした、ポスターに描かれているような人物かと思っていたが、実際に見てみたら意外に背が小さくて、愛らしくチャーミングだった」という回想がいくつも出てくる。

こういうギャップが人びとの意識に作用して、ヒトラーは自分たちと同じ心をもつ善良な指導者だ、彼は普通の人間だからこそ一般人の気持ちがわかるという考えにつながっていく。

「少年が総統に病床の母親の手紙を手渡す」

先に紹介したタバコ・アルバムのなかに、そのような意識を反映した写真が掲載されている。この写真には、「少年が総統に病床の母親の手紙を手渡す」というキャプションが付いている。少年が一人で山荘を訪れて、母親から預かった手紙をヒトラーに渡している。この少年の母親は病気で寝込んでいて、総統への切実な思いを手紙にしたため、それを子どもに託したのだろう。少年が遠路はるばる山荘までやってきて総統に手紙を届け、それを読んだヒトラーは「大変だったな」と、少年の境遇に同情しているように見える。

この写真から読み取れることは、それだけではない。普通に考えると、母親が病気で困っているとしたら、そのときに相談に行く先は地元の病院や役所、せいぜい地域の有力者のところだろう。ところがこの少年は、そこでは埒《らち》があかないから、ヒトラーのもとに直接相談しにきているのである。この少年が実際に地元の関係者に相談したかどうかはわからないが、そういう人たちでは頼りにならないという暗黙の了解があったことが、ここには示されている。

こういうメッセージをナチ党側がどこまで意図して提示したかは不明だが、この写真からは、当時の国民の多くが自分たちと同じ心をもつヒトラーには信頼を寄せる一方、彼以外のナチ党員や役人たちには不信の念を抱いていたことが読み取れる。

ヒトラーはほかの多くの政治家や党員たちとは違って、庶民と変わらない善良で誠実な心をもった指導者だと思われていた。君や僕と同じ普通の人間、誰もが共感を寄せることのできる人物。相手が子どもであろうが政治家であろうが差別せず、率直に願いを伝えればそれを聞き届けてくれるような人物。どんな人にも総統の心に通じる道は開かれていて、官僚機構を飛び越えて彼に直接訴えることができ、そうすればどんな問題もたちどころに解決するというわけである。

こうした夢のようなイメージは、国民が自分たちの願望や期待を投影してつくりあげたものだった。ヒトラーを自分たちと変わらない人間、どんな願いもかなえてくれる存在と見なすことで、人びとはその絶大な権威のもと、自らの利益や欲求の充足を期待していたのである。

## 4　大量殺戮への道

### ■「異分子」の排除とホロコースト

余暇活動の機会の拡大、魅力的な消費財の普及、そして庶民派の指導者の登場は、国民のあこがれる「公正」な社会が実現しつつあると感じさせるには充分だった。だがこの「公正さ」が、それを脅かす「異分子」の排除によって成り立っていたことを忘れてはならない。

ナチスはヴァイマール共和国の混乱や腐敗を一掃し、ドイツを政治的・人種的な脅威から守ると約束して、ユダヤ人や反対派の人びと、「反社会的分子」などの暴力的な排除を進めた。

国民の多くもまた、ナチスの暴力が秩序の回復に役立ち、社会的アウトサイダーの排除に向けられている限りは、これを基本的に容認していた。

こうした国民の基本的同意のもと、民族共同体を脅かす「異分子」への迫害はエスカレートしていく。「水晶の夜」のポグロム以降、ナチスはユダヤ人の国外追放を加速化させ、1939年9月に第二次世界大戦がはじまると、やがて組織的な殺戮を実行に移すようになる。

最初に殺害の対象となったのは、「社会のお荷物」とされた障害者である。障害を負ったり難病にかかったりした人のなかには、治らない・治せない人も出てくる。そのとき、こういう人びとを排除すれば「社会の健康」が保てるという優生学的な政策が前面に出てくる。この無慈悲な「理想」を実現するために、医師や官僚の側が積極的に協力した面もあった。この障害者の安楽死作戦（「T4」作戦）が、その後のユダヤ人の大量殺戮につながっていく。

ドイツ占領下の東欧・ソ連で進められたユダヤ人の虐殺（ホロコースト）も、基本的には官僚による行政的な犯罪であった。アウシュヴィッツ＝ビルケナウをはじめ、東欧各地の絶滅収容所で殺害されたユダヤ人の数は数百万人に上るが、この未曾有の規模の大量殺戮には、無数の「机上の殺戮者」たちが関わっていた。彼らはなぜ、そうした残虐な行為に手を染めることができたのだろうか。

## ■「悪の陳腐さ」

この点については、ユダヤ人移送の責任者アドルフ・アイヒマンに「悪の陳腐さ」を見出したハンナ・アーレントの論考が有名である。アーレントによれば、アイヒマンのような加害者たちは決して残虐な殺人鬼ではなく、むしろ自分の出世を願って職務遂行に尽力する勤勉で忠実な役人にすぎなかった。特定の状況に置かれれば、ごく普通の人びとでも大量殺戮の協力者・実行者に変わりうるのである。

どんな人でも、何の罪もない相手を殺害するような行為には良心の呵責を覚えるはずだが、ナチスによる虐殺では、虐殺そのものが人種イデオロギーによって正当化されていただけでなく、殺害されるユダヤ人の登録・移送・殺害が分業化・非人格化され、個々の加害者が自分の行為の結果に向き合わずに済むようなシステムが出来上がっていた。無数の加害者たちは犠牲者の顔さえ見ることなしに、遠いどこかでおこなわれている殺戮から目を背けながら、自分に課せられた事務仕事をこなしただけだった。

絶滅収容所へ送るユダヤ人の運命を知りながら、送った後で何が起ころうと自分には関係がないとする彼らの道徳的な無関心さは、権威への服従と組織の分業化・非人格化がもたらす「責任からの解放」の所産だと言える。

アーレントの問題提起を受けておこなわれた監獄実験やミルグラム実験も、権威への服従が人びとを道徳的な拘束から解放し、無責任な行動に走らせやすいことを明らかにしている。上からの命令に従う服従者は、自分の行動に責任を感じなくなり、本来なら良心がとがめるような残虐な行動にも平気になってしまう。

アーレントが言うように、もしも悪が陳腐であるなら、それはどこにでもあらわれる可能性がある。世界中で排外主義やポピュリズムの嵐が吹き荒れている今日、私たちはあらためてその危険性に目を向けるべきだろう。

## ■「彼らは自由だと思っていた」

「ドイツ人はなぜヒトラーに従ったのか」という問題を考察した研究としては、エーリヒ・フロムの『自由からの逃走』*Escape from Freedom*（１９４１年）がよく知られている。

フロムの見方によれば、ドイツの人びとはヴァイマール時代の自由が苦しくなって、その重荷から逃れるために独裁のもとに走ったということになる。だがこれまで見てきたように、こうした見方は実態とはかけ離れている。

ナチス支配下のドイツ国民は家畜の群れのように独裁者に従っていたように見えるが、単に受動的に言うことを聞かされていたのではなく、むしろ自分から積極的に欲望の充足を求め、隊列に加わっていったのだった。ラジオやフォルクスワーゲンから大型客船でのクルーズ旅行まで、様々なご褒美がもらえただけではない。彼らの欲望の追求は、それまで不当にもかなえられなかった当然の要求、民族共同体のメンバーの正当な権利として公的に正当化されていた。

そういう錦の御旗のもとで個々人が私利私欲を追求していった結果、彼らの行動はますます過激なものとなっていく。「水晶の夜」のポグロムも、ユダヤ人への憎しみだけによって生じたわけではない。不当利得者に対する「持たざる者」たちの義憤、それを隠れ蓑にした欲望の追求もまた、狼藉行為を過激化させた原因だったのである。

このように見ると、ナチスは人びとの欲望を抑圧したというよりはむしろ、それを解放した側面のほうが強かったと言える。人びとがヒトラーを積極的に支持したのは、それによって少なくとも意識の上では「自由」を感じることができたからだった。ミルトン・マイヤーの著書のタイトルを借りて言えば、『彼らは自由だと思っていた』*They Thought They Were Free*（1955年）のである。

そういう意味では、支配者と服従者は一種の共犯関係にあった。両者が支え合うこの関係が、最終的には戦争やホロコーストという悲惨な結末を生んだことを、私たちは忘れてはならない。

コラム

# 水晶の夜

1938年11月9日夜に発生した反ユダヤ主義暴動、いわゆる「水晶の夜」のポグロムは、ドイツ国内におけるユダヤ人への暴力行為としては最大規模のものであり、ナチスがユダヤ人迫害を本格化させる転機となった事件として知られている。

同月7日にパリでユダヤ人青年がドイツ大使館員を暗殺した事件を受けて、全国規模の報復行動を呼びかけたのは、ゲッベルス宣伝相であった。9日夜、ゲッベルスはビアホール一揆の記念日を祝うためにミュンヘンに集まったナチ党の幹部たちの前で煽動的な演説をおこない、ドイツ全土でユダヤ人への報復行動が発生しつつあること、ナチ党はそうした行動を妨げないことを伝えた。

こうしてその夜のうちにナチ党・突撃隊に動員された暴徒の群れが各地のユダヤ人街を襲撃し、シナゴーグへの放火、ユダヤ人の商店や住居の破壊といった暴力行為をくり広げることになったが、治安を守るべき警察の介入は限定的なものにとどまり、消火活動もほとんどおこなわれなかった。路上に散らばったガラスの破片のきらめきから「帝国水晶の夜」と呼ばれたこの暴動による被害は甚大で、1406棟のシナゴーグ、約7500軒の商店、無数の住宅が放火・破壊され、損害額は数億ライヒスマルク、ユダヤ人の逮捕者3万756人、死者は少なくとも91人、逮捕後の死者や自殺者を含めれば1300人から1500人に上ったという。

ゲッベルスはこのポグロムを自然発生的な「民衆の怒り」の噴出として演出しようと

したが、暴徒たちの多くがナチ党員と突撃隊員によって占められていたことは明らかだった。ミュンヘンからの指令を行動への要求と受け取った各地の支部組織は、すぐにメンバーを招集して出動を命じていた。多くの場合、実働部隊にはシナゴーグへの放火やユダヤ人商店の破壊を命じる指示が出されたが、その内容は部隊ごとに異なり、かつ多様な解釈の余地を残すものだった。命令伝達の混乱もあいまって、部隊によってはユダヤ人への制裁や逮捕、財産の押収、抵抗者の射殺まで指示され、各地で暴力行為がエスカレートする結果となった。しかも実働部隊が暴れまわった現場では、居合わせた野次馬たちも破壊行動に加わった。シナゴーグやユダヤ人商店の前にはどこも住民の人だかりができていて、襲撃がはじまるやすぐに集団暴力の箍が外れ、見物人のなかからも石を投げはじめる者、破壊や暴行に加わる者が出てくるのが常だった。ナチ党公認の騒乱が招いた道徳的な真空状況は、普通の人びとまでも暴徒の群れに変えることになった。

ユダヤ人の経済的収奪と移住促進策を進めていた親衛隊・警察組織は、事件後数日間で3万人を超えるユダヤ人の大量逮捕をおこない、国内3か所の強制収容所に送致した。彼らの目的は、この騒乱を利用して多くのユダヤ人を逮捕し、財産の押収と国外への追放を加速させることだった。「水晶の夜」のポグロムがホロコーストの展開に与えた影響は、親衛隊・警察主導のより組織的なユダヤ人政策に道を開いた点で、決定的なものだったと言える。

コラム

# 悪の陳腐さ

アドルフ・アイヒマンは、ナチスによるユダヤ人の大量殺戮＝ホロコーストにおいて、ユダヤ人移送の責任者として主導的な役割を果たした人物である。

戦後アルゼンチンに逃亡していた彼がイスラエルの特務機関により拘束され、１９６１年にエルサレムで裁判にかけられることになったとき、多くの人びとが想像していたのは、悪魔のごとく冷酷で残虐な人物だった。だが裁判の被告席にあらわれたのは、その途方もない所業とは似ても似つかない、神経質そうなさえない初老の男だった。裁判を傍聴したハンナ・アーレントが「悪の陳腐さ」という挑発的な言葉で形容したのも、この男のそうした卑小さだった。彼女が被告席に見出したのは、残虐な殺人鬼でも狂信的なサディストでもなく、上司の命令を忠実に実行するだけの凡庸な役人、思考能力の欠如した組織の歯車にすぎない男の姿だった。

「悪の陳腐さ」というアーレントの指摘は当初多くの人びとの反感を呼び起こし、激しい批判を浴びた。それはアイヒマンの途方もない犯罪を過小評価し、ユダヤ人の筆舌に尽くしがたい苦しみを「陳腐」なものと片づけたと考えられたからである。だがそうした誤解が解けるにつれ、彼女の指摘は現代の行政機構がはらむ巨大な破壊力への警鐘として広く受け入れられるようになった。数百万人もの大量虐殺を可能にしたのがアイヒマンのような従順で勤勉な官僚たちだったことは、今日では共通理解となっている。

しかし近年の研究は、それとは違ったアイヒマン像を提示している。エルサレムで裁判が開かれる前、アルゼンチンに逃亡していたアイヒマンの活動が調査され、彼が筋金入りの反ユダヤ主義者だったことが明らかにされたのである。同地で旧ナチスと交友関係を築き、定期的に会合を重ねていた彼は、その席でユダヤ人の大量殺戮を率直に認め、何ひとつ後悔していないとさえ語ったという。この発言は、アイヒマンが主体的な判断力をもちあわせない凡庸な小役人などではなく、熱意をもって仕事に取り組む自覚的・確信的なナチスだったことを示している。

様々な証言から判断すると、彼を突き動かしたのはユダヤ人への憎悪やナチスの世界観というよりはむしろ、仕事で実績を上げて注目を浴びたいという功名心や出世欲だったと考えられる。いずれにせよ、この男が巨大な絶滅機構の中核を担うキーパーソンだったこと、ユダヤ人の強制移送に卓越した組織力と創造性を発揮したことは疑いなく、彼がエルサレムで見せた卑小な姿はむしろ、死刑判決を免れるための芝居だったと見るべきである。

もっとも、だからといってアーレントの主張が否定されるわけではない。平凡な人間が職務に忠実であることによって巨大な犯罪の加担者になってしまう危険性を指摘した彼女の洞察は、ホロコーストという未曾有の犯罪が生じた原因に貴重な光を当てている。問題は「悪の陳腐さ」というテーゼそのものにではなく、アイヒマンがその事例として適切でない点にあったと言えるだろう。

第2章

# なぜ「体験学習」なのか？

権威に服従することで、人びとは他人の意思を代行する「道具的状態」に陥る。だがそれは同時に、彼らが自分の行動に対する責任から解放され、敵や異分子を思うまま攻撃する「自由」を得ることも意味する。権威の後ろ盾のもと解放感にひたりながら、自らの欲求を充足する点にこそ、ファシズムの「魅力」を理解する鍵がある。私たちがナチズムの歴史から教訓として学ぶべきことも、そこにあると言えよう。

こうした「集団の暴走」の恐ろしさを実感させ、ファシズムに対する「免疫」をつけてもらうために私がおこなってきたのが、「ファシズムの体験学習」である。

指導者に指示されるまま集団に合わせて行動していると、本来なら良心がとがめるようなことも平気でおこなえるようになる。そのことを身をもって体験させ、ファシズムの危険性を認識してもらうことが、授業のねらいである。

# １　「体験学習」が生まれるまで

## ■『ウェイヴ』の衝撃

それにしても、なぜこのような授業をはじめることになったのか。

最初のきっかけは、２００９年初めにあるドイツ人の語学教員から、「面白い映画がある」と教えてもらったことだった。その後しばらく経った同年９月、ドイツから取り寄せたＤＶＤで観た映画の内容は、私に大きな刺激を与えるものだった。

ドイツ映画『ＴＨＥ ＷＡＶＥ　ウェイヴ』*Die Welle*（２００８年）は、ドイツの高校で教師がはじめた「独裁制」の体験授業が、生徒たちを過激な行動へと走らせていくさまを描いた映画である。原作はモートン・ルーの小説『ザ・ウェーブ』*The Wave*（１９８１年）で、１９６０年代末にアメリカ・カリフォルニア州の高校で実際に起こった事件を下敷きにしている。

「独裁制」をテーマとする実習を担当することになった教師ヴェンガーは、授業の最初にクラスの生徒たちに向かって「独裁とは何か？」と問いかける。だが生徒たちは全く興味を示さず、自分たちには関係ないという態度を取る。「もうドイツでは独裁はありえない。そんな時代じゃない」。そうした無気力な生徒たちを奮い立たせようと、ヴェンガーはクラスを独裁国家に見立てた大胆な体験型の授業を開始する。

『THE WAVE　ウェイヴ』

彼はまず、自分のことを「様」づけで呼ぶよう指示し、発言の際には挙手と起立を義務づける。指導者を敬い、その指示に従うことが独裁制の成立には欠かせないからだ。

とはいえ、独裁制は上からの強制だけによって成立するものではない。下からの支持、集団の一体感にも支えられなくてはならない。それゆえヴェンガーは、クラスの仲間同士が助け合い、一致団結して自分たちの力を示すこと、さらに共通の制服として白シャツを着ることも要求する。

最初はしぶしぶ従っていた生徒たちも、教室で一斉に足を踏み鳴らしたりしているうちに、徐々に授業にのめり込むようになっていく。今まで経験したことのない一体感に魅せられた彼らは、独自の敬礼を導入したり、ロゴマークを制作したりして、集団への帰属意識を高めるようになる。

だがそれは、クラスが教師のコントロールを失って暴走しはじめたことを意味していた。「自分たちが力を合わせれば何だってできる」。そうした危険な万能感に飲み込まれた生徒たちは、やがて異を唱えるメンバーを排除し、外部の敵対者を攻撃するなど、本当の独裁国家の支持者のようにふるまいはじめるのである。

ヒトラーの独裁は過去の話ではなく、現代でも容易にくり返される。そのことを説得的に描き出した映画『ＴＨＥ　ＷＡＶＥ　ウェイヴ』の内容は、「ナチズムがなぜ多くのドイツ人の心をとらえたのか」という問題を長年研究してきた私の関心と大きく重なるものであった。

## ■授業化にあたっての課題

映画の内容を体験授業の形で実施すれば、大きな教育効果が望めるのではないか。そう考えた私は、さっそくこの映画を授業化できるかについて検討をはじめた。

最大の懸念は、同じような暴走を防ぐにはどうしたらいいかということだった。受講生が授業にのめり込むあまり危険な行為に及ぶようなことは、もちろん回避しなければならない。映画の内容を検討していくと、そうした事態を招いた原因がわかってきた。

一つは、教師ヴェンガーが生徒たちの放課後の活動を把握しておらず、危険な兆候にも適切な対応を取らなかったことである。授業に疑問を感じて異議を唱えた何人かの生徒の声に耳を傾けていれば、あのような結末は避けることができただろう。

もう一つ大きかったのは、生徒たちが後戻りできなくなった段階で、教師が授業の危険性に警鐘を鳴らす目的でおこなった説明（いわゆるデブリーフィングにあたる）のやり方が過激すぎたことである。講堂に集めた生徒たちを熱烈な演説で煽動し、それに異議を唱える反対派を前に引きずり出させたうえで、「これが独裁の実態だ」と教えてわれに返らせる。この騙し討ちのようなやり方は、授業にのめり込んでいた生徒たちにとってはあまりにも衝撃が大きく、授業の中止を何としても阻止したいという反応を引き起こしてしまった。私の見るところでは、教師ヴェンガーのねらいは正しかったが、そのやり方に問題があった。

また、ドイツと違って日本では、小学校の運動会などで集団行動にふれる機会が多く、中学・高校で制服の着用も一般化しているため、独裁制の授業にも一定の免疫があるだろう。加えて、大学では授業が週に1回しかなく、受講生が多数で相互の関係も密接でないため、放課後にクラス単位で自主的に活動をおこなう恐れは小さい。

これらのことをふまえると、日本の大学で同じような授業を実施しても、適切な安全策さえ取れば、受講生が暴走する事態は避けられると考えられた。

とはいえ、暴走の危険性が小さいということは、授業での体験が受講生に与えるインパクトも小さいことを意味する。遊び半分のゲームのように受けとめられてしまったら、ファシズムの危険性を深く実感させることはできない。

このディレンマを解決するために、映画にはない演出を取り入れることにした。それが、「教師の目の届くところで暴走を疑似体験させる」というものである。具体的な敵役を設定したうえで、教師の号令のもと受講生にこれを糾弾させる。こうすれば、攻撃衝動をコントロールしつつ、発散させることができる。そういう行動に参加した受講生は、ファシズムが人びとの感情をいかに強く揺さぶるかを実感できるだろう。

不測の事態を防ぎながら、教育効果を高めることを可能にするこの着想によって、映画を授業化する企画は一歩前に進むことになった。

## ■暴走の疑似体験

2010年初めに、このアイデアを含めた授業計画を職場の同僚に話してみたところ、世間の誤解を招きかねない内容を含んだ授業ではあるが、ファシズムの危険性を体験させることの教育的意義は大きいので、ぜひ実施してみてはどうかという反応であった。

ただし、糾弾される敵役の心理的負担を軽減する必要から、事前に仕込んだサクラをあてるとよいのではとの提案も受けたため、これをありがたく採用して、敵役には喫煙所の外でタバコを吸う喫煙者を用意することにした（これは後述する理由で、5年目にキャンパス内でいちゃつくカップルに変更することになった）。

授業の倫理性や心理的影響については、授業開始前に受講生にきちんと説明し、耐えられない場合には受講の放棄も認めれば、大きな問題は生じないだろうとの見解に落ち着いた。

このような危険を伴う体験授業には、批判や懸念の声も出るだろうが、そうした声が出るたびに、相応の対策を講じて理解を求めていくしかない。そう覚悟を決めた。

## 2 「社会意識論」のテーマ

### ■普通の人間の残虐行為

この映画を下敷きにした授業をはじめるにいたった理由としてはもう一つ、私が担当している社会学の講義科目「社会意識論」のテーマと関連性が高かったことが挙げられる。「ファシズムの体験学習」は、この講義の一部である。

「社会意識論」の中心的なテーマは、「普通の人間が残虐な行動に走るのはなぜか」というものである。授業のシラバス（講義概要）には、次のような問いが提起されている。「一個人としては善良な人間でも、集団や組織の一員となると、ときとして残虐な行動に走ることがある。普通の人間をそうした行動に駆り立てるものは何か。そこにはどのような社会意識が作用しているのか」

こうした問いに応えるため、授業では監獄実験やミルグラム実験などを取り上げて、過激な暴力を生み出す社会的メカニズムを考察する。受講者数は約２５０名、文学部の１・２年生配当の基礎科目で、いかにも大学らしい大教室の講義だ。

まず取り上げるのは、第1章でも言及したスタンフォード監獄実験である。これは１９７１年に、アメリカの心理学者フィリップ・ジンバルドーがおこなった実験で、公募した被験者を看守役と囚人役に分け、模擬的な刑務所に仕立てたスタンフォード大学の地下実験室で、２週間にわたってそれぞれの役割を演じさせるというものである。実験の結果、看守役が囚人役に対して暴力をふるうようになることがわかったが、あまりに虐待行為が激しくなったため、わずか6日で実験が中止された。

授業では、映画『es［エス］』を鑑賞したうえで、看守役の意識が変化して凶暴化していくプロセスを考察している。なお、この実験については近年、被験者への演技指導があったのではないかとの疑義が出され、結果の再現性にも問題が指摘されているため、注意が必要だということにも言及している。

■ミルグラム実験

次に取り上げるのは、同じく有名なミルグラム実験（いわゆる服従実験）である。

これは1962年に、アメリカの心理学者スタンリー・ミルグラムがイェール大学でおこなった実験である。公募した被験者を教師役としたうえで、権威をもつ科学者が教師役に指示して、生徒役が問題を間違えるたびに段階的に強まる電気ショックを与えさせるというものである（実際には電流は流れておらず、生徒役は苦しむ演技をする役者だった）。

約3分の2の教師役＝被験者が致死的な電気ショックを与えるという実験結果が得られ、平凡な市民でも一定の条件下では冷酷で非人道的な行為をおこなうことが明らかになった。

授業では、ミルグラム実験の状況を検討することで、被験者を残虐行為に走らせる要因を考察している。ちなみにこの実験は、１９６１年のアイヒマン裁判を受けて、ホロコーストの実行犯たちも普通の人間だったのではないかという疑問を検証するために実施されたことから、「アイヒマン実験」とも呼ばれる。

授業ではこの後、アイヒマン裁判を題材にしたドキュメンタリー映画『スペシャリスト　自覚なき殺戮者』*Un spécialiste, portrait d'un criminel moderne*（１９９９年）を観せ、アイヒマンに「悪の陳腐さ」を見出したハンナ・アーレントの論考を参照しながら、この「机上の殺戮者」がホロコーストにどう関与したのかを検討している。また、１９６０年代末にアメリカの小学校教師ジェーン・エリオットがはじめた人種差別の体験授業「青い目、茶色い目」の記録映像を鑑賞し、小学生たちが目の色による区別を与えられるだけでなぜクラスメートを差別しはじめるのかを考えている。

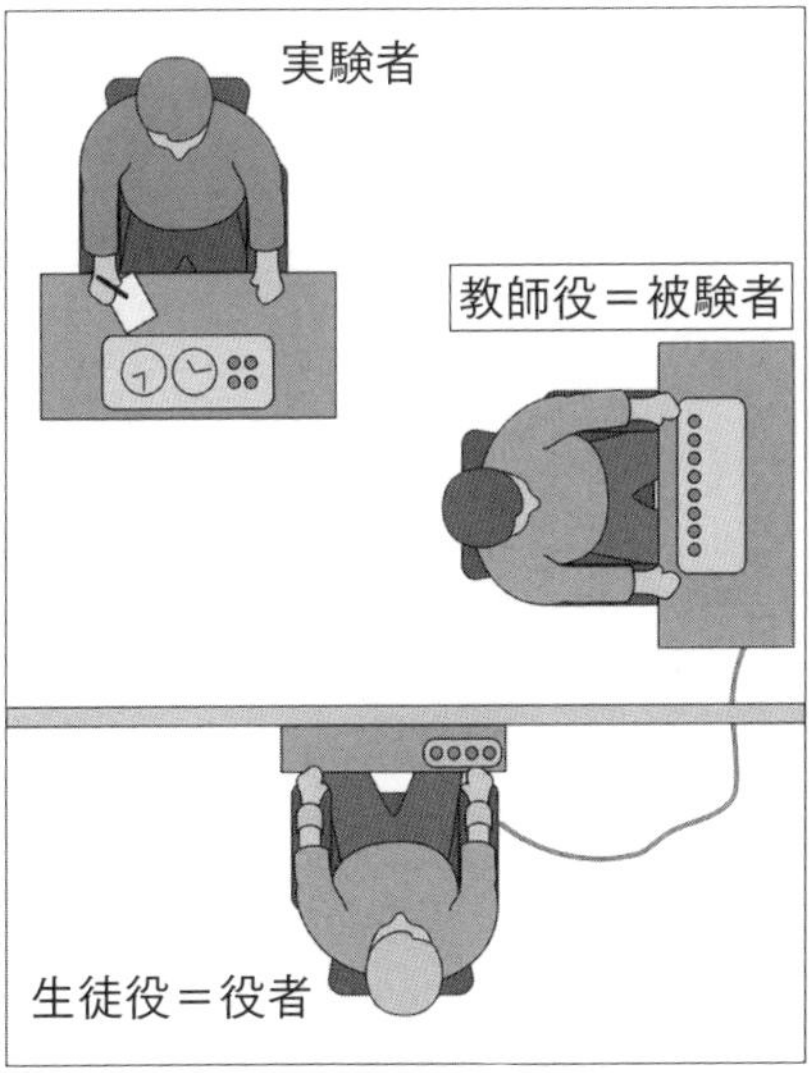

ミルグラム実験の状況 ©Wikimedia Commons（一部改変）

## ■「権威への服従」がもたらすもの

これらの事例の考察から見えてくるのは、「権威への服従」こそが残虐行為の発生を説明する鍵だということである。

冷酷なサディストや狂信的な人種主義者だけが暴力をふるうのではない。権威に従って行動するという状況そのものが、必然的に暴力を生み出す。それはなぜかと言えば、上からの命令に従っている人間は、他人の意思を代行するだけの「道具的状態」に陥り、自分の行動の結果に責任を感じなくなるからだ。

権威と服従という社会関係さえあればどこでも、他人を傷つけるような暴力的な行動が生じうる。そこでは個々人の性格や信念はもはや重要ではなく、攻撃対象も何でもかまわない。普通の人間を残虐な行動に走らせるメカニズムは、基本的にはこのように説明できるだろう。

ただしここで注意する必要があるのは、「権威への服従」の仕組みを表面的に理解して、人間は権威に弱い存在だとか、権威に受動的に従っているにすぎないなどと考えるべきではないことである。たとえば、2005年と2012年に中国で発生した反日デモを思い出してみよう。このデモで掲げられた「愛国無罪」というスローガンに、参加者たちの意識があらわれている。このスローガンが示しているのは、国家権力の後ろ盾のもとでは何をしても罰せられないという状況が、人びとを過激な暴力に駆り立てたということだ。

第1章でも見たように、独裁体制下の人びとは一見権力に抑圧されているように見えるが、実は上からの命令に従うことで自分の欲求を充足できる自由を享受しており、主観的には解放感を覚えている可能性が高い。それどころか、彼らは自らの欲求を満たそうと、国家の権威を利用している面さえあるだろう。軍隊のような上意下達の組織のほうが現場の暴走を招きやすいのも、おおむね同じ理由による。

人びとを惹きつけるこの「魅力」を正しく認識しない限り、「権威への服従」の本当の危険性は明らかにならない。

## 3　「体験学習」の概要

### ■授業の流れ

「ファシズムの体験学習」は、講義科目「社会意識論」のなかで毎年実施している90分×2回の特別授業である。

その内容は、教師扮する指導者のもと、独裁体制の支持者となった受講生が、敬礼や行進、糾弾といった示威運動を実践することで、ファシズムの仕組みとその危険性を体験的に学んでいくというものだ。

1回目の授業では、ファシズムにとって指導者の存在が不可欠であることを説明し、教師がその指導者＝「田野総統」となることを宣言、拍手喝采で賛同させる。

そして、教師＝指導者に忠誠を誓わせる敬礼（右手を斜め上に挙げて「ハイル、タノ！」と叫ぶ）を導入し、教室内で敬礼と行進の練習を何度もおこなって、集団の力の大きさを実感させる。

さらに、「田野帝国」の標識として制服とロゴマークが重要であることを説明し、次回の授業に指定の制服（白シャツとジーパン）を着てくるよう伝える。

2回目の授業では、白シャツ・ジーパンを着用した受講生たちが、ロゴマークを作成して胸に貼り付け、集団の目標として大学構内の「リア充（カップル）」の排除を掲げる（「リア充」とはネット上の俗語で、リアル＝現実の生活が充実している人、特に彼氏・彼女がいる人のことを指す）。

その後、教室からグラウンドに出ておこなわれるのが、授業の山場である屋外実習である。多くの野次馬が見守るなか、カップルを集団で取り囲み、拡声器の号令に合わせて「リア充爆発しろ！」と叫んで糾弾する。3組のカップルを退散させ、拍手で目標達成を宣言した後、教室に戻って実習は終了となる。

屋外実習の後、教室に戻って受講生に感想（レポート）を書いてもらう。翌週以降の授業では、その内容を整理しつつ紹介し、参加者が自らの体験をファシズムの仕組みの理解につなげることができるよう、詳細なデブリーフィング（被験者への説明）をおこなう。

## ■授業のねらい

以上のような一連の実習を通じて、受講生は教師に指示されるまま集団に合わせて行動しているうちに、本来なら良心がとがめるような悪行に加担することになるわけだが、その過程で自分を含む集団の意識がどう変化するかを観察し、ファシズムの危険性がどこにあるかを認識するようになる。それがこの授業のねらいである。

同じ制服を着て指導者に忠誠を誓い、命令に従って敵を攻撃するだけで、人はたやすく解放感や高揚感を味わうことができる。そこではどんなに暴力的な行動に出ようとも、上からの命令なので自分の責任が問われることはない。この「責任からの解放」という単純な仕組みにこそ、ファシズムの危険な感化力があると言ってよい。

そのような感情を体験することで、ファシズムが参加者にとって胸躍る経験でもありうること、それだけに危険な感化力を発揮しうることが理解できるようになるだろう。

このことは、たとえば近年わが国で広がりを見せている排外主義運動の背景を考えるうえでのヒントにもなる。在日韓国・朝鮮人への憎悪を煽るヘイトスピーチをおこなった加害者は、それが批判を浴びると、「日本のためと思ってやった」と言って自己正当化をはかることが多い。

彼らの差別的な言動も、権威への服従がもたらす「責任からの解放」の産物である。そこには、多数派の権威を笠に着て社会的少数派を攻撃し、日頃の鬱憤を晴らそうとする卑小なファシストの姿が垣間見える。

現代の民主主義社会で暮らす私たちにとっても、ファシズムは決して遠い過去の話ではない。民主主義が「多数派の支配」と理解されるような社会では、その危険性はむしろ高まっていると言うべきだろう。

コラム

# ミルグラム実験

ミルグラム実験に参加した約3分の2もの被験者＝教師役が、実験者の命令に従って生徒役に致死的な電気ショックを与えたのはなぜだろうか。実験状況を仔細に検討すると、以下の3つの要因が浮かび上がってくる。

第一に、被験者が同室にいる実験者に監視され、指示を受けていたことである。実験者から電気ショックのスイッチを入れるよう要求された被験者は、徐々に服従を内面化して義務の感覚を身につけ、不服従や拒否を不適切な行動と考えるようになるとともに、生徒役の苦しみに無感覚になっていく。もちろん多くの被験者はスイッチを入れることを躊躇《ちゅうちょ》し、実験の継続に異議を唱えたり、実験の目的に疑問を呈したりする者もいた。だが実験者がくり返し続行を要求し、さらには「私が責任を取る」と保証すると、しぶしぶにではあるが指示に従った。実験者の権威は強圧的なものではなく、威嚇や脅迫もおこなわれなかったが、それでも大半の被験者が命令を遵守して電気ショックを与え続けたことは、権威への服従が人びとに及ぼす力の大きさを物語っている。

第二に、電気ショックが段階的に強まったことである。被験者の前には多数のスイッチが順番に並んでいて、生徒役が問題を間違えるたびに15ボルトずつ強い電流を流す仕組みになっていた。それが被験者を任務に縛りつける拘束要因として働いたことは疑いない。徐々に電流の強さが上がっていくにつれて、スイッチを入れることに抵抗を覚えるようになっても、1つ前と15ボルトしか違わないので任務の遂行を拒否する合理的な理由がないし、もし拒絶すればそれまでの行為に非があったと認めることになってしまうからである。状況への関与が離脱を困難にするというこのメカニズムは、既成事実に縛られる官僚組織の特徴を理解するうえでも役に立つ。

第三に、生徒役が別室にいて被験者から見えなかったことである。電気ショックのスイッチを入れるという行為の結果である生徒役の苦しみに直接向き合わずに済んだことが、自らの残虐な行為への心理的抵抗を軽減させ、任務の遂行を促した重要な要因だったことは明らかである。ただし、被験者は生徒役に身体的障害が残ることはないと保証されていたうえ、生徒役が劣った存在であるなどといった価値剝奪やイデオロギー教化もおこなわれていなかった。この点で、ホロコーストの加害者とは状況が異なっていることにも留意すべきである。

ミルグラムは実験を通じて、権威に服従する人間が残虐な行為に走る傾向があることを明らかにしたが、それは服従者が「道具的状態」に陥り、上からの命令を実行することだけを義務と考えて、自分の行動の結果に責任を感じなくなるからだった。「邪悪な行動の連鎖の中間段階でしかなく、行動の最終的な結果から遠く離れている場合、責任を無視するのは心理的に容易である」。特定の状況下では誰もが殺戮者になりうるというミルグラムの驚くべき結論は、ホロコーストをはじめとする現代の行政的犯罪を解明するうえで貴重な手がかりを与えてくれる。

第3章

# ファシズムを体験する

本章では、「ファシズムの体験学習」の内容を詳しく紹介する。

白シャツ・ジーパンを着用した約250名の受講生が一斉に足を踏み鳴らし、大声で指導者に忠誠を誓う。そうした示威行動を実践することで、ファシズムを動かす集団の力の働きとその怖さを体験的に学んでいく。このような授業の雰囲気は文章では伝えきれない面もあるので、以下の説明は情景を思い浮かべながら読んでいただければ幸いである。

なお、特に教育関係者の方々には、これを授業案の参考にしていただければと考えているが、「集団の暴走を体験させる」という授業の性質上、配慮すべきことは多い。安易な模倣は禁物である。第5章で注意点を説明しているので、必ず参照していただきたい。

## 1日目

### ■受講にあたっての注意

1回目の授業は、教室でファシズムの成り立ちを学ぶ。

最初に、受講にあたっての注意をおこなう。この授業の内容の一部には世間の誤解を招きか

ねない倫理上の問題があるので、ツイッター等での言動に注意すること、心理的なストレスを受ける可能性があるので、耐えられないと感じた場合は受講を停止してもいいこと、集団行動にのめり込みすぎて、危険な行動に出たりしてはいけないことを説明する。

そして、「あくまで冷静に、自分や周りの人たちの意識や行動にどんな変化が生じるのかを観察してほしい」と伝える。

■独裁とは？

まずプリントを配って、「独裁とは何か」という問いに回答させる。

教室内を巡視しながら、「たとえばどういう国があてはまる？　そういう国をイメージしながら答えてみて」などと指示を与え、受講生が回答し終わるのを待つ。

そして、よく書けている受講生の回答を紹介しつつ、「そう、言葉の定義は簡単。独りが裁くような政治体制」「特定の個人や集団が絶対的な権力を握り、独断によって人びとを支配すること」という答えを教える。

さらに、「じゃあ、こういう独裁は現代ではもう不可能だと思いますか？　違いますね」と問いかけ、世界にはまだ独裁国家が残っていることを説明する。

### ■独裁に不可欠なもの

次に、もう少し焦点を絞って「独裁に欠かせないものは何ですか？」と尋ねる。何人かの受講生に口頭で答えさせる。

「武力による抑圧」「政治思想」「政治への不満」などといった回答が出てくるが、それらが独裁の本質ではないことを説明する。「いま考えたいのは、どんな独裁にも見られるものは何かということ。独裁という言葉をよく見ればわかりますよ」と述べて、正しい答えに誘導していく。

そして、「絶対的な権力者」「強力な指導者」といった回答を引き出したら、それに同意して

| 学籍番号 | 氏　　名 |
| --- | --- |
| | |

「独裁」について、次の問いに答えなさい。

(1) 「独裁」とは何か。簡潔に説明しなさい。

・1人の権力者が長い期間 国民などの意見を聞かず、
自分の思想に基づいて支配をすること。

・固定された権力者が長期間政治を行うことで、
政治が変わらず、国の成長が停滞したり、国民から
自由が奪われたりする。

・人を支配する力を持つ権力者、それに対して従順な集団

(2) 「独裁」を成立させるのに必要な条件は何か。いくつか列挙しなさい。

・中心的な人物に対して反発する集団や個人を抑えること。

・大衆からの支持

・独裁者のカリスマ性

・人々の団結力・従順さ

受講生のレポート

| 学籍番号 | 氏　　名 |
|---|---|
| | |

「独裁」について、次の問いに答えなさい。

(1) 「独裁」とは何か。簡潔に説明しなさい。

・国などの集団の中で、1人がその集団を仕切ったり、
政治を行ったりすること。独裁する人は、自分以外の
意見を聞き入れなかったり、自分が中心でより優位に
なるようにする。

・独裁が行われている国では、国民が独裁者1人に従って、
誰も逆えない状況になる。→間違った方向にいこうとしても、誰も止められない。

・独裁する人、それに従う集団があること。

(2) 「独裁」を成立させるのに必要な条件は何か。いくつか列挙しなさい。

・独裁する人が集団を従わせるほどのカリスマ性があること。
・自分に従わない人は排除すること。

受講生のレポート

正解を述べる。

「そうだね、独りが裁くわけだから、独裁に不可欠なのは強い力をもった指導者。どんな独裁にも権力を握った中心的な人物がいます」

## ■拍手で指導者を承認

ここからいよいよ、体験学習に入っていく。

まず必要なのは、教師が指導者になるのを全員に承認してもらうことである。

「この授業はファシズム、つまり独裁的な体制を全員で演じるロールプレイの授業です。ですので、まず指導者役を決めないといけません。僕が指導者をやろうと思いますが、反対の人はいますか?」

この問いかけに手を挙げる受講生がいないことを確認したうえで、指導者が承認されたことを宣言する。「じゃあ賛成ですね。賛成の人は拍手をしてください」

ここで拍手をさせるのは、指導者が民主的な方法で選ばれていると見せかけるためである。満場一致で指導者を承認することが、独裁制の確立に向けた第一歩だ。

なお、受講生のなかから立候補者が出てくる可能性も考えられるが、その場合は受講生全体

に拍手でどちらかを選ばせれば、おのずと教師が選ばれるはずである。

■ナチス式敬礼

続いて、指導者に対しては敬意を示す必要があることを説明する。今後は教師が「田野総統」と名乗ること、受講生は右手を斜め45度に伸ばして「ハイル、タノ!」と敬礼することを決める。

いずれもナチスになったものだが、まだ他人事のように考えている受講生が多いので、さっそく全員を立たせて敬礼の練習をさせる。

最初はためらいがちで声も小さいので、「もっと大きな声で!」などと指示し、思い切り大声を出すよう要求する。5回ほど練習させ、声が大きくなってきたのを確認する。

授業中に教師の質問に答えるときにも、必ず起立して敬礼してから発言するよう注意を与える。

そして、体を動かし声を出すことがいかに気分がいいかを実感させるために、全員にストレッチと深呼吸をおこなわせる。

その際、気がゆるんで喋り出す学生を見つけて指差し、「そこの人、勝手に喋らないように！」と威嚇して、教師の指示に従う必要があることを自覚させるとよいだろう。

■独裁を支える団結

いったん受講生を着席させた後、プリントの「独裁を成立させるのに必要な条件は何か」という問いに回答させる。

再び教室内を巡視しながら、受講生に回答を促す。「ちょっと難しいかな。指導者が力を発揮するのに必要なのは何ですか？　何が指導者を支えているのか考えてみて」

そして、何人かの受講生に口頭で答えてもらうが、その際には必ず起立・敬礼を要求し、発言後には全員に拍手を促す。うまく答えられない者には、深呼吸を促すのも効果的だ。こうすることで、教室内に独特の空気が醸成されていく。

先ほどの問いと同様、「武力による抑圧」「政治思想」「政治への不満」などといった回答が続くが、なかなか正解が出ない様子を見て、「もっとよく考えてみよう。さっき敬礼や深呼吸をちゃんとやっていない人がいたけれど、そういう行動が独裁の大敵なわけだから、独裁を支えているのは何？」などとヒントを与える。

そうした誘導を通じて、「規律」「団結」といった回答を引き出す。

「そう、正解。独裁にとって何よりも重要なのは、全員が一致して同じ行動を取ること。規律正しく行動して団結することだね」

■共同体の力

正解を引き出したところで、独裁に欠かせない「共同体の力」の説明に入る。

「指導者がいるだけでは、独裁は生まれません。指導者が力を発揮するうえで欠かせないのは、支持者が一致団結して同じ行動を取ること。これによって生まれる大きな力が、独裁体制を支えるわけ。規律・団結の力、つまり共同体の力です」

そして、受講生にこの力を実感させるために、再度全員を立たせて、敬礼と行進の練習をおこなわせる。ストレッチをして足をほぐし、先ほどと同じ敬礼を5回ほどおこなった後、教師

の笛の合図に合わせて、右足・左足の順で足を踏み鳴らす。

最初は足踏みが揃わず足音も小さいが、途中で「もっと強く足を踏み鳴らして！」などと要求することで、徐々に教室中が轟音に包まれるようになってくる。

ここで重要なのは、受講生が「共同体の力」を実感できるよう、適切な指示を与えることだ。

「全員で力を合わせると、すごい音がしますね？　そう、このパワーが共同体の力です。床が抜けるくらい、強く足を踏み鳴らして！」

さらに、下の階にいる人びとに迷惑をかけてもかまわないと煽動し、受講生の攻撃衝動を引き出すことも重要だ。

「この下のパンセ（大学内のカフェ）にいる人た

ちにとっては迷惑かもしれないけど、ちゃんと事前に許可を取ってあるから大丈夫。パンセにたむろしているリア充どもを蹴散らしてやろう。憎しみを込めて足を踏み鳴らして！」

■ここまでのまとめ

いったん足踏みを止めた後、独裁の仕組みを説明する。

「わかりましたか？　これが共同体の力です。一人のときとは全く違う大きなパワーを感じましたね。独裁体制を支えているのは、こういう力なんだということを覚えておいてください。指導者に強制されて嫌々行動するのではなく、指導者のために自発的に進んで行動することから生まれる力です」

ここまでの説明のポイントは、「指導者（中心的人物）の存在」と、それを支える「共同体の力（規律・団結）」が、独裁＝ファシズムには欠かせないということである。この2点を受講生に銘記してもらうため、黒板に大書しておいたほうがいいだろう。

■席替えで受講生を分断

この説明の後、席替えをおこなう。

誕生日の月ごとに、教室の端から1月、2月、3月、……の順に座り直すよう指示する。移動が終わった後、誕生月ごとに「ハイル、タノ！」の敬礼をおこなわせる。

席替えの目的は、友だち同士で座っている受講生を分断し、教師の指示への従属を強めることだ。知らない人と隣り合わせで座ることが不安を呼び起こし、教師や周囲の動きに合わせようとする傾向を強める。

これは指導者と大衆の間にある中間集団を破壊し、一人ひとりをばらばらに分断することによって、ただ一人の意思がすべてを支配する体制をつくりだすという、ファシズムに典型的な手法である。

## ■制　服

ここからは、制服とロゴマークの説明である。

独裁を支える「共同体の力」は、全員一緒に行動していないとすぐに消えてしまう。そこで、この力を目に見えるよう表現して、効果を長続きさせる必要がある。

「それでは、どうすればいいかな？」

教室内を巡視しながら何人かの受講生に口頭で答えてもらうが、必ず起立・敬礼を要求し、発言後には全員に拍手を促す。うまく答えられない学生にはヒントを与えて、正しい答えに誘導していく。

「うーん、目に見えないといけない。意識のような、目に見えないものじゃなくて、形のあるものを使う。何かな?」「高校まで、それを身につけていた人がほとんどですよ」

こうして「制服」という答えが出た時点で、その意味を説明する。

「そう、制服。全員一緒の服。英語でユニフォームっていうけど、みんな一緒で画一的っていうこと。これを着ると、自分はその集団の一員なんだということを、何もしなくても外部にアピールできる」

コンビニの店員や警官なども制服を着て仕事をしており、それぞれが所属する集団の規律や団結を表現している。制服を着ることでメンバーの社会的差異がなくなり、同じ集団に属している一体感や誇りが生まれる。

こう説明したうえで、次回の授業で着用する制服を指示する。

「それでは、僕たちも制服を着ることにします。来週は、上は白い長袖のワイシャツ、下は紺のジーパンを着て授業に出ること」

着てくるのを忘れないよう、すぐに手帳やスマホのカレンダーに記入させたほうがよいだろう。白シャツ・ジーパンを指定するのは、誰もがもっていて用意しやすいからである。

## ■ロゴマーク

これに続けて、制服以外にも似たような役割を果たすものがないか、受講生に口頭で答えさせる。ここでもうまく答えられない学生が多いので、深呼吸を促したり、ヒントを与えたりして、正しい答えに誘導する。

「一つ重要なものを挙げると、集団の名前がそうです。甲南大学なんかも、集団をあらわす標識です。それで、名前に関連して何か思いつかない？　会社や学校などが、対外的に自分をアピールするときに使うものは何？」

こういうヒントを出せば、おのずと「ロゴマーク」という答えが出てくる。

「そう、これも制服と同じように集団を表現するもの。旗やワッペンなどにもロゴマークが付いていることが多いね」

## ■集団の目的

だが集団の名前やロゴマークが決まったからといって、その集団に行動目的がないと、一緒に行動することはできない。全員でこれをするという目的があって、初めて大きな力が生まれる。

「強制されて嫌々行動するのではなく、自発的に進んで行動しなければ、大きな力は生まれません。そういう力を引き出すには、どうしたらいいかな？」

やや難しい質問なので、ナチスを例に挙げて考えさせる。ナチスがユダヤ人という「敵」に憎悪や怒りをぶつけていたように、自分たちが所属する集団を脅かす外部の敵を攻撃するように仕向ければ、自発的な行動が引き出されて、大きなエネルギーが生まれる。こう説明したうえで、この授業にも行動目的が必要であるという提案をおこなう。

「というわけで、来週は僕たちも敵を攻撃することにします。そこで提案だけど、パンセにたむろしているようなリア充どもがいるよね。僕はそういうやつらを見るととても不快なので、蹴散らしてやろうと思う。どうですか？　賛成の人は拍手！」

拍手で承認されたのを受けて、次回の授業の課題を発表する。「じゃあ来週は、僕たちでリア充どもに向かって『リア充爆発しろ！』と叫んで糾弾することにします」

最後に、敬礼と行進の練習をしてから、糾弾の練習をおこなう。「ハイル、タノ！」の敬礼と同じように右手をまっすぐ伸ばして、全員で「リア充爆発しろ！」と叫ぶ。

5回ほど練習をした後、「来週もこれくらいの声を出してください。では、今日の授業はここまでにします」と述べて、授業を終える。

## 2日目

### ■ほぼ全員が制服を着てくる

2回目の授業は、「共同体の力」を発揮する本番だ。

授業開始前、教室の内外では白シャツ・ジーパンを着た受講生たちがスマホで写真を撮り合うなど、いつもとは違って浮かれた雰囲気が支配している。黒板に「ファシズムの体験学習」と大書し、受講生に着席を促す。

「さすがに、全員が同じ服を着ているとすごいですね。教室が真っ白です。では、授業をはじめます」

■再び糾弾の練習

前回と同様に誕生月ごとに座り直させた後、全員を立たせて敬礼と行進、糾弾の練習をおこなう。

ほぼ全員が同じ制服を着て「ハイル、タノ！」と叫ぶさまは壮観だ。制服の効果は圧倒的で、足踏みの音も「リア充爆発しろ！」の声も明らかに前回より迫力がある。

練習の途中でよく声が出ている者を指差し、「みんなも見習ってください」と褒めて、前回よりも受講生の意欲が高いことを印象づける。

「はい、結構です。グラウンドに出たときも、これくらいの声を出してください」

■前回の復習

次に、前回の授業の復習をおこなう。

黒板にキーワードを大書しながら、「指導者の存在」「共同体の力」「制服やロゴマークの役割」を解説する。たとえば次のように説明するのがよいだろう。

「ファシズム、つまり独裁的な体制に必要なのは、第一に、強い力をもった指導者の存在です」

「しかし、指導者が存在するだけでは不充分です。全員一致で従う大衆の力に支えられていなくてはなりません」

「そこで第二に、共同体の力も必要になってきます。指導者に強制されて嫌々行動するのではなく、自発的に進んで行動することから生まれる力です」

「ところがこの力は、全員一緒に行動していないと消えてしまう一時的な感情にすぎません。そこでこれを可視化・永続化して、効果を持続させる必要があります」

「そうした目的に役立つのが、今みんなが着ている共通の制服やロゴマーク、さらには集団の名前や行動目的です」

## ■柄シャツ登場

この解説中、派手な柄シャツを着た男子学生が私語をして、授業を妨害しはじめる。これは

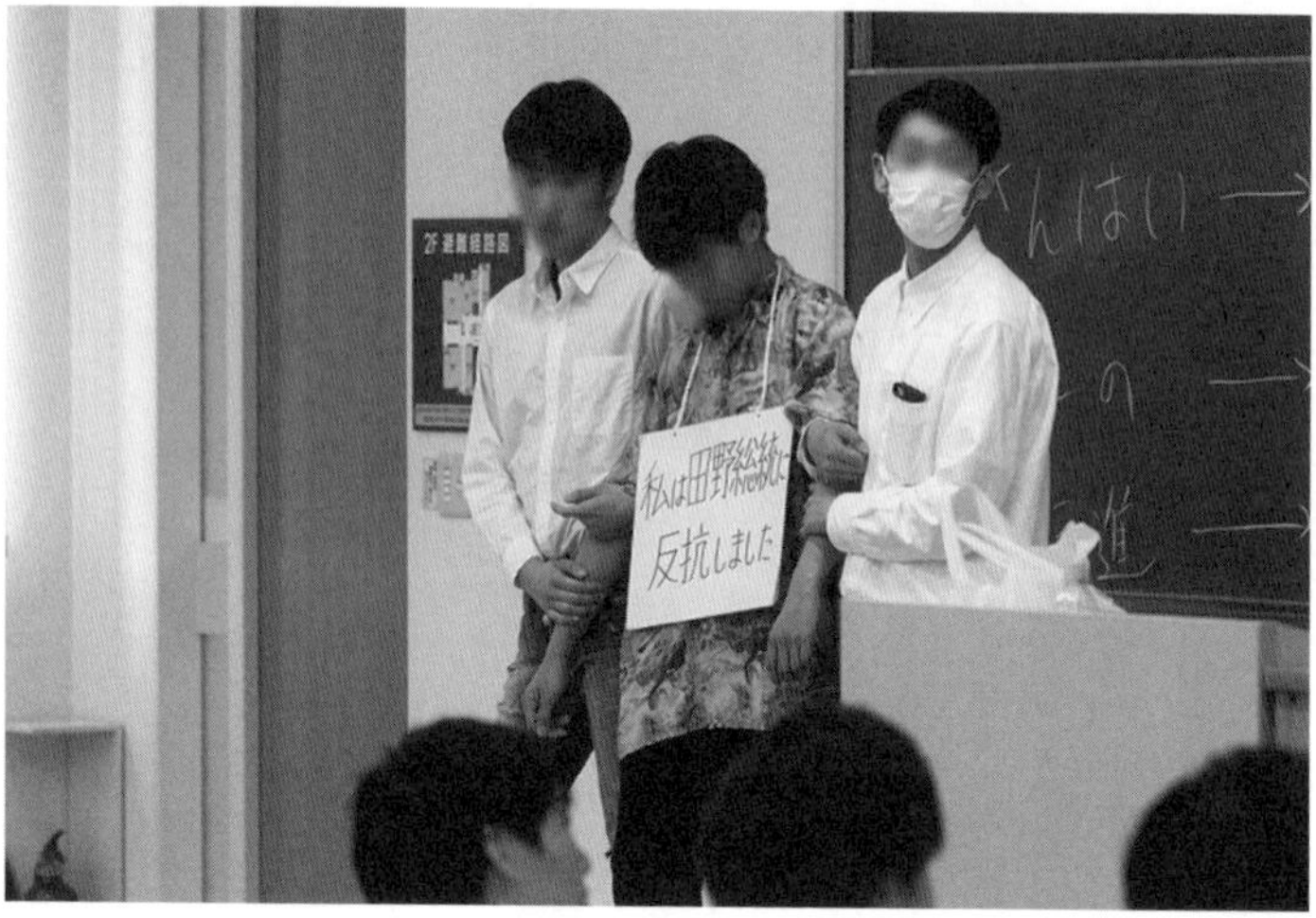

事前に仕込んだサクラで、一度注意をしても私語をやめないので、二度目に大目玉をくらうことになる。

「そこの柄シャツを着てるやつ、うるさい。両脇の二人は、前に連れてきなさい」

男子学生は教壇に引きずり出され、首に「私は田野総統に反抗しました」と書かれたプラカードをかけられて、両脇の二人に押さえつけられた状態で立たされる。集団の規律を乱す者への見せしめだ。

教室内は静まり返り、受講生は固唾《かたず》を呑んで様子を見守っている。うすうす演出とわかっていても、恐怖を感じている様子がうかがえる。

「こういう反抗分子は僕たちの敵です。断固排斥しなくてはなりません。全員で『リア充爆発しろ！』と叫んで糾弾しましょう」
こうした煽動によって、受講生のボルテージは上がっていく。

■ワッペン作成

一件落着後、集団の名前を教師の提案で「田野帝国」に決める。そして、ロゴマークを3つの候補のなかから拍手による投票で決定する。

最も拍手が多かったロゴマークを選び、それを受講生一人ひとりがガムテープの切れ端に描いて、胸に貼り付けていく。時間のかかる作業だが、受講生の主体的な関与を強めるには欠かせないステップだ。

混乱を避けるため、受講生には誕生月ごとに前に出てくるよう指示する。前に立たされた柄シャツの学生と両脇の二人がガムテープを切って渡し、それを受け取った受講生が前に用意した机の上で油性ペンでロゴマークを描き入れ、胸ポケットの上にワッペンとして貼り付ける。

この作業が終わった後、もう一度教室で敬礼と行進、糾弾の練習をおこない、いったんゆるんだ士気を高める。

■グラウンドに整列

ここから大学内のグラウンドに移動して、授業の山場である屋外実習に入っていく。誕生月ごとにグラウンドに出発するが、荷物は前に立たされた三人が見ておくことも伝える。移動中、人目の多いカフェの前を通る必要があり、恥ずかしさを覚える受講生が多いようだが、これからおこなうことへの期待感からか、どこか浮かれた気分に包まれている。

突如として出現した白ずくめの異様な集団を見ようと、グラウンドの周囲には多くの野次馬が集まっている。授業に関係のない一般の学生たちが、面白い光景を撮ろうとスマホを構えている。

そうした周囲の視線を意識してか、グラウンドに集合した受講生はどこか落ち着かない様子だ。誕生月ごとに整列するよう拡声器で指示しても、なかなか従わない。

■隊列行進

ようやく整列した受講生に、まず5回ほど「ハイル、タノ！」の敬礼をおこなわせ、指導者に忠誠を誓わせる。最初は声が小さいので、もっと大声を出すよう指示する。

「多くの野次馬が見ているからといって、恥ずかしがる必要はありません。彼らは僕たち全員を見ているだけで、一人ひとりを見ているわけではありません。恥ずかしがらずに、大きな声を出してください」

徐々に声が大きくなってきたところで、行進に移る。笛の音に従って整列したまま足を踏み鳴らした後、2列ずつ前進してグラウンドを一周し、元の位置に戻る。この段階ではまだ足踏みの歩調はあまり揃っておらず、集団の一体感もほとんど感じられない。

■リア充の糾弾

だが次に、グラウンドの脇のカフェのテラスに座っているカップルを指差し、「あそこに2組のリア充がいますね。あいつらを糾弾しますので、テラスの前に移動してください」と指示すると、にわかに受講生の顔がほころぶ。

そして、全員がテラスの前に移動し、集団でカップルを取り囲んでから、拡声器の号令に合わせて「リア充爆発しろ！」と糾弾しはじめると、受講生の声は徐々に熱を増してくる。

このカップル役も事前に仕込んだサクラで、受講生の多くはそのことにうすうす気づいているのだが、さすがに面と向かって他人に怒号を浴びせることには、抵抗を感じる者が多いようだ。そうしたためらいを払拭するために、次のような指示を与えるといいだろう。

「いいですか、みなさん。リア充に向かって堂々と『リア充爆発しろ！』と言える機会なんて、今後二度とありませんよ。もっと大声で怒りをぶつけてください」

10回ほど糾弾をくり返し、2組のカップルを退散させたところで、次の標的である3組目のカップルを指差す。「あそこのベンチを見てください。ひざ枕をしているカップルがいますね。

あいつらも糾弾しますので、ベンチの前に移動してください」

全員でカップルを取り囲み、同じように糾弾を開始すると、「リア充爆発しろ！」の声が明らかに大きくなっている。そこで間髪を入れずに、受講生の攻撃衝動を刺激するといいだろう。

「このリア充はひざ枕なんかして、いちゃついていますね。こんなことを許していいんでしょうか。それではみなさん、さっきと同じように大声で怒りをぶつけてください」

ここでも10回ほど糾弾をくり返し、カップルがたまらず退散するのを見はからって、すかさず拍手で勝利宣言をおこなう。

「はい、リア充は逃げていきました。僕たちの勝利です。みんな拍手！　これで実習は終了です。

教室に戻ってください」

受講生の間には、何かをやりとげたような誇らしげな表情が浮かぶ。これで実習は終了だとわかって気がゆるむのか、教室に戻る彼らはどこか楽しげである。

この糾弾行動は映画『THE WAVE ウェイヴ』にはない脚色で、不測の事態を防ぎつつ教育効果を高めるために導入したものである。

なお、3組のカップルを糾弾している途中で、数人の野次馬が勝手にまぎれ込んできて、面白半分で糾弾に加わってくることがある。カップルが退散するときに逃げていく方向に向かって大声で叫ぶ彼らの姿からは、集団の熱気に感化されて興奮している様子もうかがえる。危険な兆候であることは確かなので、部外者の参加を防止するような対策が必要だと思われる。

■意識の変化を書かせる

教室に戻った後、プリントを配布して、体験学習の感想（レポート）を書かせる。気づいたことを自由に書いてもらうが、集団意識の変化を観察することが実習の目的なので、回答中にそのことを指示する。

「体験学習に参加して、自分や周りの人たちの意識や行動に、どんな変化が生じましたか？」

「たとえばグラウンドに行くときと帰るときで、何か違いはなかったですか？　制服を着ることで、何か変化が生じませんでしたか？　そういうことをふり返りながら答えてみてください」

胸のワッペンはプリントに貼り付けて、一緒に提出してもらう。大半が回答を終えた頃合いを見て、授業を終える。「はい、それでは時間が来ましたので、今日の授業は終わりにします。レポートを提出して帰ってください。お疲れ様でした」

以上で2回の実習は終わりだが、この後の数回の授業で、受講生のレポートを用いたデブリーフィング（被験者への説明）をおこなう。これについては、次章で詳しく紹介することにしよう。

コラム

# ナチ党大会の実態

ヒトラーの権力掌握から第二次世界大戦勃発までの間、毎年9月前半にほぼ1週間にわたってニュルンベルクで開催されたナチ党大会は、ナチス政権下の最も重要な公的行事であった。そこでくり広げられた大規模な大衆集会や隊列行進は、とりわけレニ・リーフェンシュタール監督の映画『意志の勝利』を通じて、独裁者に歓呼の声を上げる群衆というナチズムの一般的なイメージの形成に決定的な役割を果たしてきた。

だがそうしたイメージが、実態の一部しか映し出していないことも事実である。党大会の期間中、ニュルンベルクの町は異様な興奮に包まれたが、参加者のほとんどはナチ党員や支持者たちによって占められ、一般大衆の関心はそれほど高くなかった。延々とくり返される式典、退屈で月並みな演説が、多くの人びとから参加の意欲を奪っただけではない。確信的な党員や支持者の間でも、一日中行進や集会に駆り出されるのを嫌って、参加を辞退する者が続出した。人びとは概して党大会に無関心であり、多くは義務だから参加したというのが実情だったようである。

こうした状況のもとで一定の参加者を確保するため、大会当局は様々な便宜をはかることになった。その一つが、金銭的な援助である。ドイツ各地の職場から選ばれた参加者には、ナチ党の圧力で数日の有給休暇が与えられたため、汽車賃と食事つき宿泊費が実質無料となった。参加者からすれば、これはニュルンベルク観光を援助してくれるというおいしい話だった。

だがさらに重要なのは、大会への客寄せを目的として、様々な娯楽の催しが提供されたことである。「民衆の祭典」と銘打って、会場周辺で各種のアトラクションが提供されたが、そのなかにはサッカーの試合から大道芸、フォークダンス、映画上映、ビアガーデン、打ち上げ花火まで、ありとあらゆる催し物が含まれていた。無料で参加できるこの楽しいお祭りこそ、多くの参加者の求めるものだった。

この祭典ではしばしば純然たる乱痴気騒ぎが展開され、大会本来の目的に抵触するような事態が生じることになった。お祭り騒ぎに浮かれた参加者が、厳粛な式典を台無しにしてしまうことも多かった。そこには権力の誇示をはかるナチ党側と、放縦な享楽を求める参加者側の意図のズレがあらわれている。

だが種々の娯楽に釣られてではあれ、多くの人びとがともかくも会場に足を運んだことは、少なくとも次のような意味で、ナチスの宣伝上の目的に役立った。すなわち、参加者が楽しい催しを通じて親睦を深め、高揚した気分のなかで「民族共同体」を実体験したことである。党大会の「熱狂」を語りうるとすれば、それはこのような意味においてだろう。

第4章

# 受講生は何を学んだのか？

本章では、「ファシズムの体験学習」に対する受講生の反応と、それをもとにしたデブリーフィング（被験者への説明）の内容を紹介する。

言うまでもないことだが、ファシズムを体験するだけでは意味がなく、そこでの体験を客観的に捉え直すことが必要である。しかもそれは、教師からの一方的な説明ではなく、受講生自身による反省を通じておこなう必要がある。

その意味で、授業の成否はこのデブリーフィングにかかっていると言っても過言ではない。その内容を追うことで、ファシズムの基本的な仕組みの理解も得られるだろう。

## 1　受講生のレポートからわかること

### ■高い参加意欲

「ファシズムの体験学習」は2010年から毎年実施しているが、これまで10回実施した授業では受講生の参加意欲は非常に高く、授業のねらいを的確に理解して、集団行動の効果に対する認識を深めているようだ。

実際に授業をやってみて驚いたのは、２回目の授業の際、ほぼすべての受講生が制服を着て出席し、しかもそれをかなり楽しんでいるように見受けられたことである。ほとんどの参加者は中学や高校で毎日制服を着ていたはずで、今さら制服を着ることに抵抗を感じてもよさそうなものだが、大学の授業で制服を着るのは新鮮な経験なのだろう。

通常ありえない奇抜な行事に参加できるという期待感が受講生の学習意欲を高め、授業の円滑な進行を助けていることは間違いない。もっとも、こうした「祭り」的な高揚感が、ナチスを模倣したパフォーマンスをおこなうという危険な行動の魅力に由来することにも留意する必要がある。

過去10回の授業では、年度によって集団行動の出来不出来はあったものの、授業の進行に支障をきたすような大きなトラブルは生じていない。受講者数２５０名という大人数の講義だが、参加者が教師の指示に従わなくて困るようなことは一度もなく、どんな指示にも素直に従ってくれるので、逆にこちらが拍子抜けするくらいであった。

受講生の主体的な学びを重視するアクティブ・ラーニングの観点からすると、このように大人数の受講生がいても授業が成立すること、授業の成否が教師の能力にあまり依存しないこと、さらには授業の準備が比較的容易であることは、技術上の利点として挙げることができるだろ

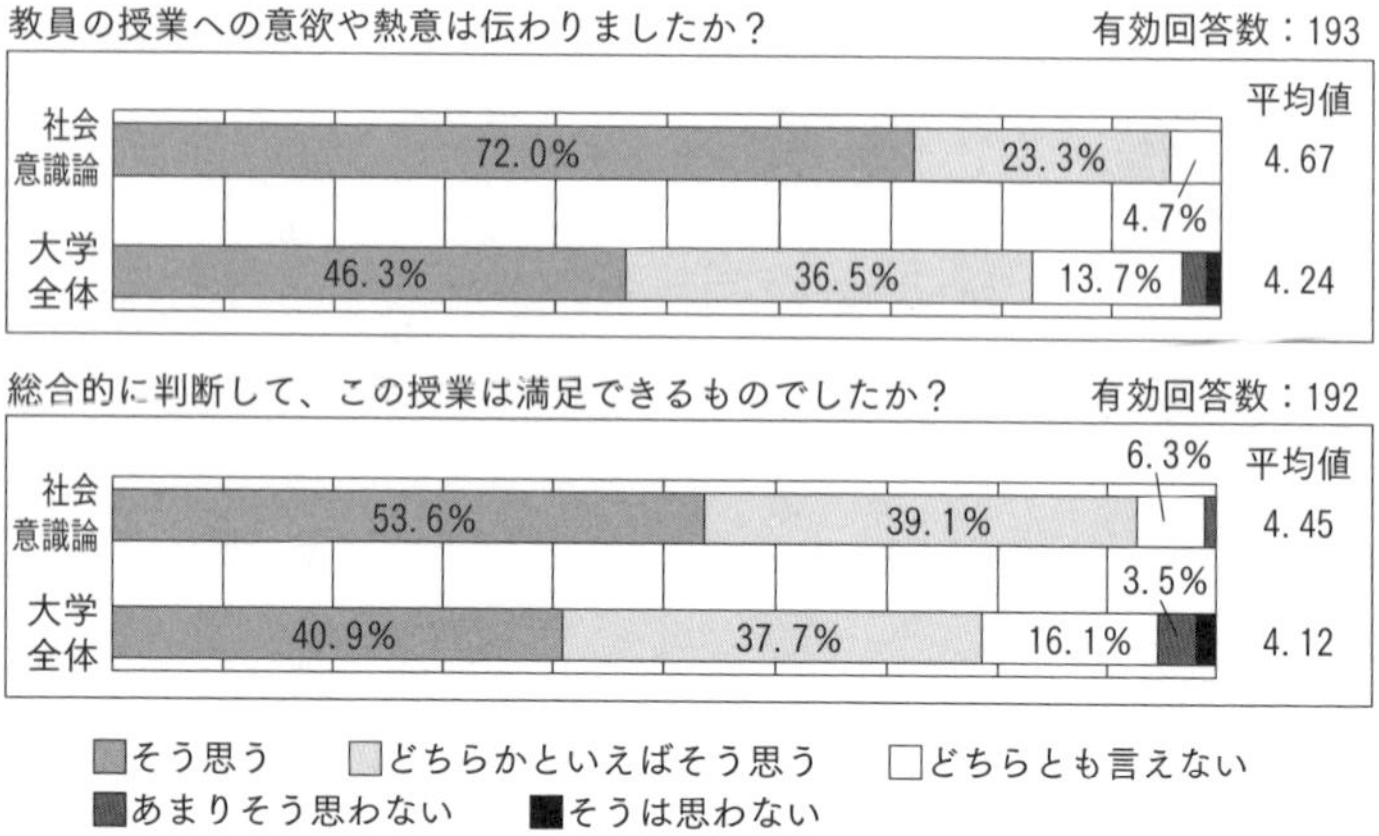


受講生による授業評価の結果（2018年度前期）

う。

受講生の参加意欲の高さは、学期末に実施される授業評価アンケートの結果にもあらわれている。それを見ると、「教員の授業への意欲や熱意は伝わりましたか？」「総合的に判断して、この授業は満足できるものでしたか？」という設問に「そう思う」「どちらかといえばそう思う」と答えた者の割合が9割を超えており、平均を大きく上回っている。

満足度の高さは必ずしも教育効果の大きさを保証するものではないが、受講生の多くが積極的な姿勢で授業に臨んだことの目安にはなるだろう。

■レポートの概要

もちろん、受講生をただ満足させて終わらせないためにも、彼らの意欲を講義内容の深い理解へとつなげる必要がある。そこで重要になってくるのが、屋外実習の後に書いてもらったレポートを授業内で活用することである。

受講生のレポートを読むと、彼らの多くが集団行動に参加するなかで徐々に没入感を増していき、悪いことだとわかっていても気持ちがどんどん高ぶっていく経験をしていることがわかる（なお、以下で引用する感想は、一部表現を変えている）。

「授業を受けているうちに、『ハイル、タノ！』『リア充爆発しろ！』と叫ぶのが恥ずかしくなくなっていった」

「最初はみんなあまり声を出していなかったり、統一感がなかったりしたが、リア充を取り囲んで糾弾しているうちに、だんだん声が大きくなって揃ってきたなと感じた」

「徐々に集団の一員という意識が強くなり、教室に戻ってくるときにはすがすがしい気分になっていた」

彼らが一様にそうした経験に言及するのは、もちろん教師に誘導されたせいでもあって、レポートを書いてもらう際に、「授業を通じてどんな意識の変化があったか」と問いかけられていることが大きい。

制服を着ることで恥ずかしさがなくなったことに言及した感想や、高校まで制服を着て過ごしていたことに気づいてハッとしたという感想も多い。集団意識の働きについて、自分自身の問題として認識を深めている様子がうかがえる。

■典型的な感想

だがそれにしてもなぜ、このような意識の変化が生じるのだろう。

教師の問いかけに答える形で受講生が書いた文章には、いくつかの典型的なパターンがあるようだ。はじめに、そうしたパターンをよくあらわしている4つの例を紹介しよう。


「集団で声を出して行動すればするほど、最初は乗り気ではなかった自分が大声を出すようになっていた。最後のひざ枕のカップルの前では、最前列に自分がいた。教室内で行動するより、外に出て他人から見られるほうがやる気が出た」……A

「グラウンドに出る前は面白半分な雰囲気だったけれど、教室に戻る際には『やってやった』感がどこか出ていたように感じる。グラウンドで一つの集団として行動していくなかで、はじ

めこそ羞恥心があったものの、『ちゃんと声を出さないと逆に恥ずかしい』という感情が生まれていった」……B

「自分が従うモードに入った後に怠っている人がいたら、『真面目にやれよ』という気持ちになっていた。いったん従う気に包まれたら、従わないメンバーに苛立つようになった」……C

「はじめはためらいがあったのに、最後にはもっと人のいるところで目立ってやりたいと思うようになった。集団のなかでただ従えばいいという気楽さと責任感の薄れがあったからだと思う」……D

４人の感想に共通しているのは、最初は恥ずかしさやためらいを感じていたものの、集団で行動しているうちにそうした感情が薄れ、いつのまにか積極的に声を出すようになるという意識の変化である。自分の意識や感情が周りの状況によって左右され変化するという事実に対して、彼らが一様に率直な驚きを感じている様子が読み取れる。

しかし、なぜそうした変化が生じたのかについては、４人の見方は多少異なっている。

Ａは自分が大声を出すようになった原因を、教室からグラウンドに出て部外者の視線を浴びたことに見出している。衆人環視の「舞台」に出た際の緊張感が、感情の高ぶりとして認識されているわけである。

だがそれだけで参加者一人ひとりの意識の変化を説明するのは、やはり無理があるように思われる。これに対してBはグラウンドから教室に戻る際の「やってやった」感に注目し、集団行動がもたらす高揚感や充実感の重要性を指摘している。これは「集団の力の実感」と言いかえてもいいだろう。

さらにBが言及する「ちゃんと声を出さないと逆に恥ずかしい」という意識は、集団の一員として行動するなかで、自らが従う規範が別のものに変化したことも示唆している。これはCが抱いた苛立ちにも通じるものと言える。みんなが新たな集団の規範に従っているのに、それに従わない人がいるのは許せない。怠けているように見える人がいたら、「真面目にやれよ」と言いたくなる。「規範の変化」はこうして集団のメンバー一人ひとりの意識に働きかけ、周囲への同調や順応を強いる力となるのである。

他方、Dはそれとは異なった要因に目を向けている。「集団のなかでただ従えばいいという気楽さと責任感の薄れ」が、「もっと目立ってやりたい」という意欲につながったというのだ。上からの指示に従い、周りに流されて行動するという意味で、これは「責任感の麻痺」と呼べるだろう。

このように見ると、集団行動による意識の変化をもたらす原因としては、①「集団の力の実感」、②「責任感の麻痺」、③「規範の変化」の３つが重要ではないかと考えられる。実際、受講生に書いてもらったレポートの内容は、ほぼすべてこの３つの論点のいずれか（または複数）に対応していると言ってよい。

そこで実習後の授業（３回程度）で私は、受講生のレポートの内容をこの３点に整理しながら紹介し、彼らが自らの体験を集団行動の深い理解につなげられるよう、詳細なデブリーフィングを実施することにしている。

## 2　デブリーフィングで学ぶこと

### ■３つの論点

デブリーフィングにおいては、参加者が実習で体験したことを客観視し、それがいかにファシズムの仕組みに関わっているのか、どんな点で危険なのかを認識できるようにすることが重要である。ロールプレイを通じて集団行動の「主体化」をおこなった後、それを再び「客体化」して理解を定着させるプロセスと言ってよい。こうした学習には、単なる外在的な理解では見落とされるものが多く含まれている。

受講生の感想から明らかになったのは、彼らが集団行動にのめり込んでいく原因として、①「集団の力の実感」、②「責任感の麻痺」、③「規範の変化」の3つが重要だということだった。実習が終わった後、翌週以降の授業で実施しているデブリーフィングも、これら3点の解説がメインとなっている。

① 集団の力の実感

全員で一緒に行動するにつれて、自分の存在が大きくなったように感じ、集団に所属することへの誇りや他のメンバーとの連帯感、非メンバーに対する優越感を抱くようになること。「自分は全体の一部なんだと思うようになった」「数の多さが強さのように思えて誇らしい気分になった」といった感想が示しているように、参加者は集団に溶け込むことで多数派の立場に立ち、自我を肥大化させる。そのことが、ある種の高揚感や優越感、「自分たちの力を誇示したい」という万能感につながる。

そうした感情に満たされた参加者は、もはや恥ずかしさやためらいを感じることなく、思い

| 学籍番号 | 氏　　名 |
| --- | --- |
| | |

「ファシズムの体験学習」を受講して、集団意識の働きについて気づいたことを述べよ。

授業が始まる前に昼食を教室で食べ終えてからYシャツに
着替えたが、Yシャツジーパンの学生が増えれば増える程
私服の自分の肩身が狭くなってゆくのを感じた。着替え
終わって教室に入ると、自分も同じ格好になったことから
① 一体感が生まれた気がした。
グラウンドに出る前はおもしろ半分な雰囲気だったけれど、
教室に戻る際には「やってやった」感がどこかでていたよう
に感じる。グラウンドでかけ声にあわせて同じ服装、同じシン
ボルを胸につけたひとつの共同体として行動していく中で、
初めこそ羞恥心があったものの、「ちゃんと言わないと逆に
③ 恥ずかしい」という感情が生まれていった。
2組のカップルを糾弾した後に最後の1組を糾弾した
が、明らかに後者に対する攻撃の方が熱がこもって
いた。普段大声で口にしない言葉を、上の立場にある
総統の指示で「言ってもよい」という状況、さらに自分の
② 周囲の人間も同じことをしている状況が加わり、最初
あった罪悪感が時間が経つごとに薄まっていった。

受講生のレポート

| 学籍番号 | 氏　名 |
|---|---|
| | |

「ファシズムの体験学習」を受講して、集団意識の働きについて気づいたことを述べよ。

②　一人では絶対にしない行為を集団の中で行う自分は、責任感が薄れていると感じた。はじめは、「見られている」と自分の行為が恥ずかしくて、思い切った行為はとれなかった。けれど、「ギャラリーは一人一人を見ていない」という田野「総統」のことばで、一気に私も含め集団が、思い切った行動ができるようになった。

また、自分が従うモードに入った後に、まわりに怠っている人がいたら、

③　「真面目にやれよ」という気持ちになっていた。一旦従う気に包まれたら、従わないメンバーに対しいらだつようになった。

また、「制服」を着ている知らない人に声をかけられても、いつもより不快に思うとなかったし、外から写真をとられても、何とも思わずどちらかというと、撮って話題に

①　してくれ、という意識があったように思う。

はじめはためらいがあったのに、おわりにはもっと広く人のいるところで目立って

①　やりたいな、と思うようになっていた。集団の中で、ただ従えばいい楽さと、責任

②　感の薄れがあったからだと思う。

先生の立ち場「総統」だけでなく、生徒に例えば「国民」「メンバー」といった名称をつけて指示していれば、もっと集団意識、服従意識が強まっただろうと思う。

受講生のレポート

切り大声で叫ぶことができるようになる。

こうなると、部外者の視線を浴びても気にならないどころか、かえって集団の一員としての意識が強まることになる。「野次馬に見られても嫌な気がせず、注目を浴びているようで気分がよかった」

カップルに何度も怒号を浴びせているうちに参加者の声が熱を帯びてくる様子にも、集団行動による意識の変化を見て取ることができる。「2組のカップルを糾弾した後、最後の1組を糾弾したときには、明らかにみんなの声に熱がこもっていた」

集団の一員として感じる万能感は、一人ではできない行動を可能にすると同時に、そうした行動を通じてさらに亢進《こうしん》していく。「リア充を排除して教室へ戻る頃には、何だかわからないが達成感が湧いてきた」

見逃せないのは、こうした変化が制服やロゴマークといった仕掛けによって促進されていることである。「同じ制服を着ると一個人としての感覚が麻痺し、集団で動いているという意識が働くようになった」という感想は、制服の効果の大きさを物語っている。

制服を着るだけで集団に溶け込むことができ、没個人化して目立たなくなる。大勢のなかの一人なので恥ずかしさが薄れ、気が大きくなって思い切った行動が取れるようになる。

しかも同じ服装をした者同士、自然と仲間意識が芽生える。「制服を着ている人に声をかけられても快く応じる気分になった」。多くの参加者が「2回目の授業のほうが集団の一体感があった」と感じるのも、そうした制服の効果の所産だと考えられる。

② 責任感の麻痺

上からの命令に従い、他のメンバーに同調して行動しているうちに、自分の行動に責任を感じなくなり、敵に怒号を浴びせるという攻撃的な行動にも抵抗がなくなってしまうこと。「指導者から指示されたから」「みんなもやっているから」という理由で、参加者は個人としての判断を停止し、普段なら気がとがめるようなことも平然とおこなえるようになる。

参加者の一人ひとりは、大勢で少数の人を攻撃するのはいけないことだとわかっているのだが、実際にやってみるとさほど罪悪感を覚えず、むしろ楽しいとさえ思えるようになる。「最初はリア充役の人たちがかわいそうに感じたが、授業だから糾弾してもいいんだと思って、途中から楽しくなってしまった」

ここには、権威への服従と集団への埋没が人びとを道具的状態に陥れ、無責任な行動に駆り立てていく仕組みを見出すことができる。上からの命令で意に沿わないことをやらされている状況、さらに周囲の人たちも同じことをやっている状況が合わさって、何をしても許されるという意識が強くなり、自分の行動への責任感が薄れていく。指導者や仲間たちに責任を丸投げし、指示されるまま周りに流されて行動しているうちに、他人を傷つけることへの抵抗感がなくなるばかりか、ただ状況に身を任せるだけの気楽さが快く感じられるようになる。

最初はまとまりのなかった参加者が、教師の指示や周囲の動向に影響されて徐々に一体感を強め、積極的に大声を出すようになるのも、そうした無責任な姿勢によるところが大きい。

権威への服従は、人びとを行動に伴う責任から解放し、社会的な制約から自由に行動することを可能にする。こうした治外法権的な状況は、ときに過激な暴力を引き起こす。受講生のレポートのなかには、授業で紹介した監獄実験の状況との類似性を指摘するものも多い。「上からの命令でやっているという意識が強くあった。自分は監獄実験の看守役の人たちのような虐待行為をおこなわないと思っていたが、この授業に参加してそれは間違いだと気づいた」

参加者の攻撃衝動が堰を切ってあふれ出すとき、個人的な倫理観はもはや歯止めにはならない。「リア充役の人たちはかわいそうだなあと声を出しながらも思ったが、これが日常的に起こると思うと本当に怖いと感じた」

③　規範の変化

最初は集団行動に恥ずかしさやためらいを感じていても、それに参加しているうちに命令を遂行するのが当たり前になり、これを自分たちの義務のように感じはじめること。

「いつのまにか本気になっていた」「やるのが当たり前なんだという意識に変わった」といった感想が示すように、参加者は上からの命令を遂行するという役割に順応し、集団の規範を自発的に維持するようになる。

これは人びとが自分の行動の責任を指導者にゆだね、その命令を遂行することにのみ責任を感じはじめるという、状況的義務への拘束が生じていることを意味している。参加者はいつのまにか、教師と一緒に授業をやりとげようとする共犯者に変貌してしまうのだ。

こうした変化が生じるのは、いったん集団の規範が成立すると、それへの同調や順応を強いる力が働くようになるためである。「声を出さない人に苛立った」「ふざけている人を見ると『ちゃんとやれよ！』と言いたくなった」という感想は、この圧力の強さを物語っている。

「制服もロゴマークも身につけていないくせに集団にまぎれ込んでいる人を見ると、憎しみすら感じた。規律や団結を乱す人を排斥したくなる気持ちを実感した」。自分は真面目に役割を遂行しているのに、面白半分で邪魔をする人間がいるのは許せない。興味深いのは、そうした異分子を識別する目印として、制服が利用されていることだ。「野次馬の人が集団に入り込んできたとき、『あんたら制服着てないから入られへんで』と思った。制服の力の大きさを実感した」

集団の規範への同調圧力は、授業のなかで誕生月ごとに座り直すよう席替えをおこなったことによっても強められる。知らない人と隣り合わせで座ることで不安が高まり、「周囲に合わせなければならないという気持ちが強くなった」。「『周りがしているから自分もしなければ』という思いから声を出すと、いつのまにか『やるぞ！』という気持ちになった」

だがそれ以上に参加者を突き動かすのは、規範に従うことによって生じる「正しい」という感覚である。「２５０人もの人間が同じ制服を着て行動すると、どんなに理不尽なことをしても自分たちが正しいと錯覚してしまう」

この「正義」の感覚こそ、参加者を攻撃的な行動に駆り立てる最も重要な要因にほかならない。

## ■日常の問い直し

なお、以上の3点には直接対応しないが、教育的観点から注目される感想として、社会問題との関連性や身の周りの状況との類似性に言及したものが挙げられる。

「在日韓国人に対するヘイトスピーチも、集団で一部の人たちを排除しようとしている状況が似ていると思う。体験授業は少し楽しんで終えることができたけれど、実際に同じようなことが日本でもありうると思うと、すごくリアルで恐怖を感じた」

テレビや新聞の報道で知っているだけの問題が、体験学習への参加を通じて実感を伴って再認識されている様子がうかがえる。もっと身近な問題として、学校でのいじめに言及する受講生もいる。「自分たちと異なる人を排斥したくなる気持ちが理解できた。いじめの加害者も集団から外れないよう周りに同調しているんだと思う」

多くの受講生が体験学習に既視感を覚えるのは、おそらく小学校の運動会や中学・高校の制服で似たような経験をしているからだろう。「運動会でやったことと同じだと思った」「中学・高校で制服を着ていたことが怖くなった」といった感想は、この実習がそれまで疑問に思わなかった自分の日常を見つめ直す機会を提供していることを示している。とりわけ次の感想が印象的だ。

「(2回目の)授業がはじまる前、教室で昼食を食べ終えてから制服に着替えるつもりをしていたが、制服を着た受講生が増えるにつれて、私服を着た自分の肩身がどんどん狭くなっていくのを感じた。着替え終わって教室に入ると、自分も同じ格好になって安心するとともに、一体感が生まれた気がした」

このような日常の問い直しを可能にするには、参加者に実習中も自分の意識を冷静に観察するメタ的な視点を維持させる必要がある。体験授業の開始前に「授業にのめり込みすぎず、自分や周りの人たちの意識や行動にどんな変化が生じるかを観察してほしい」という注意をおこなうのも、それを考慮してのことである。この注意が功を奏してか、多くの参加者は集団の熱狂に流されて大声を出しながらも、そうした自分の変化を客観視する視点を失わずにいるようだ。

鋭敏な受講生のなかには、パフォーマンスだとわかっていても感情が揺さぶられること、意識が行動によって影響を受けることに気づく者もいる。「ネタ的な消費と感情の動員が両立可能だということがよくわかった。『アイロニカルな没入』というのはまさにこれだと思う」。「カップルはサクラだと思ったが、それでも排除するために声が出せた」といった感想も、そうした認識の延長線上にある。

ちなみに、カップル役の学生にも授業の感想を聞いている。「一斉に大声で糾弾されるときの圧がすごかった。本当のカップルだったら別れてしまいそう」「本当に怖かった。集団で同じ服装で同じセリフ。集団の圧力を感じた」。糾弾を受ける側にとっても、集団行動の効果は圧倒的なものと感じられるようだ。

■危険性の認識につなげる

もちろん、危険な暴力行為を引き起こしかねない授業であるだけに、デブリーフィングは参加者に授業の危険性を再認識させるアフターフォローの意味ももっている。重要なのは、受講生が自らの体験をファシズムの危険性に対する認識につなげられるようにすることである。

実習後のデブリーフィングに引き続き、授業のモデルとなった映画『THE WAVE ウェイヴ』を観せるのも、まさにそのためである。この映画を観れば、ファシズムがいかに人びとを巻き込んで悲惨な事態をもたらしうるかということ、しかもそれが今日の私たちにも決して無縁ではないということがよく理解できる。

そうすると、受講生は実習での体験をふり返って、自分が感じた高揚感や万能感、胸躍るような充実感にこそ危険があることに気づき、それに流されないための内面的な歯止めを身につけるようになる。その意味で、「ファシズムの体験学習」は一種のワクチン接種のような効果をもつと考えられる。

## 3　ファシズムの正体とは？

### ■ファシズムの「魅力」

以上のようなデブリーフィングの内容をふまえると、ファシズムの基本的な仕組みはどう理解することができるのだろうか。ここまでの説明と一部重複するが、重要なポイントを整理しておこう。

ファシズムと聞くと、多くの人は恐怖政治が支配する社会、自由を踏みにじる抑圧的な体制を思い浮かべる。ヒトラー政権下のドイツでユダヤ人や反対派の人びとが受けた過酷な弾圧のことを想起すれば、それが暗黒時代のようにイメージされるのももっともなことのように思われる。

ところが、そうした弾圧をおこなった加害者たちの意識に目を向けるとどうだろう。敵や異端者を攻撃することは、彼らにとって胸躍る経験だったのではないだろうか。近年わが国で問題になっているヘイトスピーチや、欧米各国で高まっている排外主義運動の背景に迫るうえで

も、過激な言動をくり返す加害者たちの内面的な動機、彼らがそこに見出している「魅力」を理解することが欠かせない。

「ファシズムの体験学習」に参加した学生たちも、最初こそ恥ずかしさや気後れを感じるものの、集団行動に参加しているうちにいつのまにか慣れてしまい、しだいにその「魅力」に取り憑かれていく。彼らが驚きをもって認めるのは、大勢の仲間と一緒に行動していると気持ちが高ぶってきて、他人に危害を加えるような行為にも平気になってしまうことだ。

■集団行動の快楽

だがそれにしてもなぜ、このような意識の変化が生じるのだろう。同じ制服を着て指導者の命令に従うだけで、どうして人は過激な行動に走ってしまうのか。その謎を解く鍵は、集団行動がもたらす独特の快感にある。

参加者の意識と行動の変化は、集団行動が生み出す独特の高揚感によるところが大きい。参加者は全員で一緒に行動するにつれて、自分の存在が大きくなったように感じ、集団に所属することへの誇りや他のメンバーとの連帯感、非メンバーに対する優越感を抱くようになる。

参加者のレポートにも、「大声が出せるようになった」「リア充を排除して達成感が湧いた」といった感想が多い。彼らは集団の一員となることで自我を肥大化させ、「自分たちの力を誇示したい」という感情に満たされるようになるのである。

そうした高揚感は、実は私たちが身近に経験しているものである。運動会の集団体操や入場行進、サッカーの試合の応援、夏祭りの神輿巡行や盆踊りなどに参加して、えもいわれぬ興奮を覚えた経験は誰にでもあるはずだ。文化人類学や民俗学が明らかにしてきたように、人は遊びや祭りなどの非日常的なイベントに参加し、日頃抑えている欲求を発散することで、高揚感や爽快感、他者との一体感を得て、社会生活を営む活力を維持している。

この種の集団行動はいつの時代にもどんな場所にも存在するもので、普通は一時的な興奮を呼び起こすにとどまり、差別やヘイトといった加害行動と結びつくことはあまりない。それが危険なファシズムへと変貌するのは、集団を統率する権威と結びついたときである。

## ■ファシズムが生まれるとき

集団行動が権威と結びつくと、どんな変化が生じるのか。

まず生じるのは、責任感の麻痺である。「体験学習」の参加者は、指導者の命令に従い、他のメンバーに同調して行動しているうちに、自分の行動に責任を感じなくなり、敵に怒号を浴びせるという攻撃的な行動にも平気になってしまう。

「指導者から指示されたから」「みんなもやっているから」という理由で、彼らは個人としての判断を停止し、指導者の意思の「道具」として行動するようになる。監獄実験やミルグラム実験の結果が示しているように、権威への服従は人びとを道具的状態に陥れ、自分の行動の結果に責任を感じなくさせる働きをもっている。

そこではどんなに過激な行動に出ようとも、上からの命令なので自分の責任が問われることはない。逆説的なことに、権威に従属することによって人は行動に伴う責任から解放され、社会的な制約から「自由」に行動できるようになるのである。

しかも、こうした治外法権的な状況がいったん成立すると、これを維持・強化しようとする動きが服従者の側から自発的に出てくる。それは人びとが自分の行動の責任を指導者にゆだね、その命令を遂行することにのみ責任を感じはじめるという、状況的義務への拘束が生じるためである。

「体験学習」の参加者も、指導者の命令に従って敵を糾弾するという行動を自分たちの義務のように感じはじめ、やがて真剣に取り組むようになる。この糾弾行動がロールプレイにすぎず、敵役のカップルがサクラであることは参加者も承知のはずだが、何度も怒号を浴びせているうちに、その声はしだいに熱を帯びてくる。

「リア充が憎らしく思えた」「声を出さない人に苛立った」といった感想が示すように、彼らは自分たちの行動を正当なことと見なし、内面的・情緒的な関与を強めていく。芝居とわかっている行動であっても、人びとの「義憤」を駆り立てる危険な力を発揮しうるのだ。

## ■「正義」の暴走

こうして敵対者は容赦なく攻撃すべき「悪」となり、これを攻撃する行動は「正義」となる。自分は権威＝善の側に立ち、その後ろ盾のもとで悪に正義の鉄槌《てっつい》を下すという意識なので、攻撃をためらわせる内面的な抑制は働かない。

それどころか、この「義挙」の前に立ちはだかるいかなる制約も正義を阻む脅威と見なされ、「自衛」のためにさらなる暴力の行使が求められることになる。敵や異端者への攻撃のなかで、参加者は自分の抑圧された攻撃衝動を発散できるだけでなく、正義の執行者としての自己肯定感や万能感も得ることができる。そこに認めることができるのは、暴力が歯止めを失って過激化していく負のスパイラルである。

このようなファシズムの危険な感化力は、私たちにも無縁のものではない。ヘイトスピーチのような差別的な言動が横行し、民主主義社会の基盤が危機に瀕している今日、「体験学習」のような取り組みを通じてファシズムの危険性に目を開かせる必要性はますます高まっていると言えよう。

コラム

# ホロコースト

第二次世界大戦中、ナチスによって遂行されたユダヤ人の大量虐殺＝ホロコースト。600万人にも上る犠牲者を出したこの未曾有の惨劇について考えるとき、すぐに想起されるのがアウシュヴィッツ強制収容所での殺戮である。アウシュヴィッツは単体では最大の犠牲者を出した収容所であり、ガス室と焼却炉を兼備した火葬場による流れ作業式の殺害を完成させた点で、突出した冷酷さを示していることは確かである。だが実のところ、ユダヤ人犠牲者の大多数はこの収容所での殺戮がピークを迎える以前に別の場所で殺害されていた。

その恐るべき殺戮が遂行された場所こそ、ポーランド東部に設立されたベウジェツ、ソビボル、トレブリンカの3つの絶滅収容所である。この3収容所の冷酷さを際立たせているのは、それらがユダヤ人の殺害のみを目的とした施設だったことである。収容所に到着した人びとは、ほぼ全員がガス室に直接誘導され、即座に殺害された。また、この3収容所で殺害された人びとの大部分が、周辺のゲットー（ユダヤ人隔離居住区域）から移送されてきたポーランド系のユダヤ人だったことも見逃せない。1939年9月の開戦後、まもなくポーランドを占領したドイツは、ユダヤ人を「東方」に追放する計画を進めていた。これを円滑に遂行するため、当面の措置として各都市に設けられたのがゲットーである。ユダヤ人の移送先と考えられていたのは当初はポーランド東部だったが、1941年6月の独ソ戦開戦後にはソ連領内への追放が現実味を増していた。ところが1941年末に独ソ戦が膠着状態に陥ると、こうした計画も行き詰まってしまった。各地のゲットーが飢えや病気で極限状況に陥るなか、行き場を失ったユダヤ人の処遇が焦眉の問題となってくる。こうしてポーランド東部に絶滅収容所が建設され、ユダヤ人の大量殺戮がはじまることになった。1942年1月にベルリンで開かれたいわゆる「ヴァンゼー会議」は、ユダヤ人の追放から絶滅へという政策の転換を確認するものだった。

しかし実はこの会議が開かれるよりも早く、ソ連占領地域ではすでに別の形でユダヤ人の大量虐殺がはじまっていた。1941年6月、ドイツ軍が破竹の勢いでソ連への侵攻を開始すると、親衛隊や警察のメンバーで構成される移動虐殺部隊が広大な地域に展開し、ユダヤ人の住む先々に出向いて無差別の殺戮を実行していった。各町村のユダヤ人は集団で郊外の処刑場に連行された後、そこに掘られた穴のところで銃殺され、そのまま埋められた。だがこうした大量射殺はきわめて非効率で、執行者の精神的負担も大きすぎると考えられた。そこで別のもっと効率的で負担の少ない殺害方法が検討され、いくつかの実験を経て、最終的に絶滅収容所のガス室で排気ガスや殺虫剤を用いた殺戮がおこなわれるようになった。こうして殺害技術が進化をとげ、ユダヤ人殺戮の効率を飛躍的に高めることになった。ホロコーストの中核をなす3収容所は、移送計画の破綻と殺害技術の新機軸の悪魔的な出合いの産物だったのである。

コラム

## ナチ体制は全体主義国家なのか？

独裁者ヒトラーの絶対的意志が貫徹し、暴力とプロパガンダを通じて国民全体を統制した悪夢のような専制体制。私たちが慣れ親しんでいるこのようなナチズム像は、1960年代まで隆盛を極めた全体主義論を色濃く反映している。だがその後の実証研究の進展によって、それとは全く異なる支配の実態が明らかになっている。

第一に、ヒトラーの意図や思想を重視し、それが上意下達で実現していくことを自明視する従来の見方が批判され、体制内諸機関の競合・対立を強調し、それを通じて政策が急進化していく過程に注目したアプローチが優勢となった（前者は「意図派」、後者は「機能派」と呼ばれる）。後者の解釈によれば、ナチ体制はヒトラーのもと一致結束した「総統国家」という表看板とは裏腹の、諸勢力が激しく争い合う無秩序な「指導のカオス」を実態としており、そうした混乱状況が結果的にヒトラーの権力を絶対的なものへと押し上げていったということになる。こうした見方は、ヒトラーの役割やイデオロギーの影響力を相対化し、政策決定過程の組織的・構造的な分析を進展させることになった。

第二に、党や国家の指導者たちの体制関与や政策決定過程に焦点を当てたアプローチに対して、家族や職場、地域といった民衆の日常生活レベルにまで掘り下げた分析が登場し、全面的に統制された社会という従来のナチズム理解に疑義が出された。いわゆる「日常史」研究の進展によって、ナチ体制下の人びとが必ずしも上からの統制に順応せず、しばしば生活上の慣習や価値観を保持しただけでなく、逆にそうした主体的な関わりを通じて、ナチスの支配を下から支えていた事実が明らかにされるようになった。こうした見方は、民衆を体制による暴力の犠牲者、意思のない歯車ではなく、各々の動機と利害をもって体制に同調・協力する加害者と捉えるアプローチに道を開いた。

これらの研究成果をふまえて、1990年代以降にはナチズムを「合意独裁」と見る視点が一般化し、ナチ体制はテロルによる強制やプロパガンダによる動員よりもむしろ、人びとの同意や協力、支持によって支えられていたと主張されるようになった。たとえば監視・暴力組織であるゲシュタポも、その業務遂行を可能にしていたのは一般市民の密告であり、それも隣人間の紛争や家庭内のもめごとなど、個人的な動機に基づくものが多数を占めていた。労働者の国民統合をめざして提供された休暇旅行や各種の消費財にしても、単なる口先だけのプロパガンダではなく、実際に消費やレジャーの機会を拡大し、ある程度まで人びとの願望を満たしたからこそ、体制の安定化に寄与したのだった。そこにはまさに、多くの国民を体制の受益者・積極的な担い手として取り込もうとする「合意独裁」の本質があらわれていると言えよう。

近年ではさらに、そうした同意・協力の側面に力点を置いた見方を修正する形で、同意と強制、排除と包摂、理念と実践を切り離すことなく、各々の相関的・相補的な関係を解明しうる総合的な視座として、あらためて「民族共同体」の概念が注目されている。

第5章

# 「体験学習」の舞台裏

前章で見たように、「ファシズムの体験学習」には、受講生にファシズムの危険性を理解させるうえで、一定の効果があると考えられる。

しかしながら、この授業の成否は、教師がつくりだす独裁制の状況が受講生にどれだけリアルなものに感じられるかにかかっている。遊び半分のゲームや見え透いた演技と受けとめられれば、ファシズムの怖さを深く実感させることはできない。

それゆえ、教師は断固たる態度で独裁者を演じ、様々な仕掛けを通じて教室内の状況にリアリティを与える必要がある。とはいえ、参加者があまりにも集団行動にのめり込んで、過激な排斥行為に走るような事態も防がなければならない。

つまり、感情の「動員」と「抑制」を同時に追求しなければならないところに、この授業の難しさがある。こうした点をふまえて、「ファシズムの体験学習」では以下の8点の工夫を取り入れている。

## 1　「体験学習」の工夫と注意点

### ①　主体的な関与を促す指示

「体験学習」では、受講生が教師の質問に答えるときには必ず「ハイル、タノ！」と敬礼しなければならない。質問に答えた後には、教師の指示で全員が拍手するよう要求される。もちろん勝手に話をすることは許されず、何度か威嚇的に私語を注意するほか、喋った学生（サクラ）を教壇の前に引きずり出す演出もおこなう。これら一連のルールを遵守させることで、参加者の主体的な関与を強めることがねらいである。

しかしながら、上から命令するだけでは一人ひとりの積極的な感情まで引き出すことはできない。そこで「体験学習」では、授業の最初に教師が指導者になることを宣言したうえで、参加者全員に拍手でこれを承認するよう指示する。

満場一致の拍手は、指導者が民主的な方法で選ばれていると見せかける仕掛けだ。実際には教師が決めたことに追従しているにすぎないのだが、この似非《えせ》民主的な手続きを踏むことで、自分たちが選んだ指導者だから従おうという自発的な同意が促される。ファシズムがその力のよりどころにするのも、こうして動員される支持者の積極的な感情である。

感情の動員は、何度もくり返される敬礼や行進の練習を通じてさらに強化されるが、それが最も威力を発揮するのは、2回目の授業で実施される屋外実習の際である。指導者と支持者からなる集団＝「田野帝国」が全員一丸となって、キャンパス内でいちゃつくカップルを取り囲み、指導者の指示のもと何度も「リア充爆発しろ！」と糾弾しているうちに、参加者の声は熱を増してくる。

ここで問題となるのは、攻撃対象となる「敵」をどう設定するかである。敵役は参加者の感情を動員できる程度に嫌われていなければならないが、あまりに嫌われていると感情の抑制が効かなくなる恐れがある。集団行動そのものの力を参加者に実感させるうえでも、攻撃することに疑問をもたなくなるような対象は不適切である。

実は「体験学習」をはじめた当初は、喫煙所の外でタバコを吸う喫煙者（もちろんサクラ）を敵役にあてていた。しかし、喫煙所外での喫煙は明白なルール違反なので、これを糾弾することに疑問を感じさせなくする恐れがあった。攻撃対象が本当に憎まれていると、糾弾が「正義」になって、感情の抑制が効かなくなる。

敵役をリア充に変更したのはそのためだ。実際、攻撃対象を変えたことで、参加者の間に糾弾されるカップルがかわいそうだとか、申し訳ないとかいった反応が出てくるようになった。受講生のなかにもリア充はいるはずで、自分と変わらない相手に怒号を浴びせることで、罪悪感を覚えつつもルサンチマン（怨恨）を発散するという、両義的な感情を抱くようになる。こうした感情は、ナチス時代にユダヤ人への迫害に加わったドイツ人が抱いたものに近くなっているのではないかと考えられる。

感情の動員と抑制を両立させられるよう、適切な糾弾対象を設定することが重要だ。

② 共通の制服とワッペン

「体験学習」では、２回目の授業に指定の制服を着てくるよう指示する。また、拍手による投票で選んだロゴマークをワッペンにして胸に貼り付けてもらう。

共通の制服とワッペンを着用させるというアイデアは、映画『ＴＨＥ ＷＡＶＥ ウェイヴ』に由来している。実際に制服を着用させてみると、その効果は圧倒的だ。同じ制服を着ることが集団意識にどんな変化をもたらし、いかにしてファシズムと結びつくのかを認識させることは、「体験学習」の最も重要なねらいの一つである。

他方、ワッペンの作成は視覚的な効果というよりも、受講生の主体的な関与を強める目的でおこなわれている。拍手による投票で選んだロゴマークをガムテープの切れ端に描き入れ、ワッペンとして胸に貼り付けるという一連の作業に加わることで、彼らは集団との同一化を強め、「田野帝国」の一員としての自覚を高めるようになる。そうしたコミットメントの強化に伴う意識の変化を実感させることが、ワッペン作成のねらいである。

ちなみに、ガムテープを材料にしたのは、視覚的に目立ち、安価で入手しやすく、剝《は》がれにくいためである。ガムテープという材料にたどり着くまでに、試行錯誤で数年を要している。

### ③ ナチス式の呼称と敬礼

「体験学習」の参加者には、指導者を「田野総統」、集団全体を「田野帝国」と呼ぶよう指示する。そして忠誠の誓いとして、右手を斜め上に挙げて「ハイル、タノ！」と叫ぶ敬礼を義務づける。言うまでもなく、この呼称と敬礼はナチスにならったものだ。

なぜ、よりによってナチスを模倣しなければならないのか。最大の理由は、それがファシズムの標識としてよく知られていることもあって、戯画化されたリアリティをつくりだすのに効果的だからである。

「田野総統」や「ハイル、タノ！」といった掛け声は、参加者がファシズム的な状況に主体的に関与することを促すが、その異様さ・滑稽さゆえに、あくまでそれを演じているにすぎないと自覚し続けるのにも役立つ。感情の動員と抑制を同時に追求することを可能にするのが、ナチス式の呼称と敬礼なのである。

日本で授業をおこなうのだから、天皇制ファシズムを体験させたほうがいいのではと思われるかもしれない。だがそうした授業を実施したところで、せいぜい運動会や学級会のようなものにしかならず、普段から似たようなことをやらされている受講生には、インパクトのある体験とはならない。

これに対して、ナチス式の呼称と敬礼は慣れ親しんだ日常に異質なものを持ち込み、惰性化した意識を揺さぶる一種の「異化」効果をもつ。参加者はこれを通じてファシズム的な集団行動に違和感を覚え、その危険性に目を開かされると同時に、あらためて自分の行動を反省し、周囲の日常を見つめ直すようになるだろう。

もちろん、ナチスを模倣したロールプレイをおこなうことには倫理上の問題があり、充分な配慮が必要である。ドイツでナチス式敬礼が刑事罰の対象となっていることからも、そうした実践が大きな問題をはらんでいることは明らかである（ただしドイツでも、ナチス批判の目的でおこなわれる場合や、芸術・研究・教育などに用いられる場合は罰則の対象外となっており、本授業はこれに該当する)。

とはいえ、社会的に許されない行動だからこそ人びとを惹きつけることも事実で、そこにはある種の「タブー破り」の魅力が存在する。ナチスまがいの服装をして物議をかもす若者が後を絶たないのも、それが社会的規範を打ち破る「反抗」の象徴として、唯一無二の地位を確立しているからにほかならない。

ナチスの危険な魅力を実感するには、やはりどうしても一線を越えてもらわなければならない。教師を「田野総統」と呼び、「ハイル、タノ!」と敬礼することによってはじめて、ファシズムがいかに強く人びとの感情に働きかける力をもっているかが理解できる。

もっとも、授業の後にはそうした行動が許されないものであることに注意を喚起し、事後的に反省を促す必要があることは言うまでもない。

④　ネタ的な過剰演出

「体験学習」では、教室全体が突如として独裁体制に変貌する。そのリアリティにこだわりすぎると、異様な事態に直面した参加者が驚きと恐怖から心理的ストレスを感じる危険性がある。そうでなくとも、敬礼や行進に参加して恥ずかしさやためらいを感じること自体、受講生にとっては相当なストレスとなる。

特に心理的負担が大きいのは、全員でカップルを糾弾する際と、私語をした学生を教壇の前へ引きずり出す際である。カップルを糾弾することに嫌悪感や罪悪感を抱いたり、引きずり出される学生を見て自分も同じことをされるのではと恐怖を感じたりする受講生もいるだろう。

そうしたストレスを軽減するためには、糾弾の対象となるカップルや引きずり出される学生にサクラを用い、そのことを事前に詳《つまび》らかにしないまでも、誰の目にも明白になるよう、大げさな演出をおこなうのがよいだろう。

不意打ちのショックを軽減するためには、受講生が事前に授業の内容を予想することができるよう、シラバス等で情報を公開しておくことも効果的である。実際にも、受講生の多くはシラバスを読んだり先輩から話を聞いたりして、授業で何がおこなわれるかを事前にある程度は知っているようである（ちなみに、シラバスには体験授業のことを解説したネット記事へのリンクも貼っている）。

しかし、それ以上に危惧しなければならないのは、受講生がファシズムの体験を通じて高揚感や充実感を覚え、その魅力に目覚めることで、同様の行動を授業以外でも実践したいと動機づけられるような事態だろう。過去10回の授業ではそのような事態は生じておらず、これを防止する対策も二重三重に取っているのだが、「体験学習」に寄せられる意見のなかには、この点を批判するものが多い。

「ハイル、タノ！」や「リア充爆発しろ！」といったあからさまに滑稽な掛け声を採用しているのは、これを考慮してのことである。これらは参加者に主体的な関与を促しつつ、自分たちがしていることは演技にすぎないと自覚させておくための安全弁である。そうした安全弁がないと、本気で個人崇拝や排斥行為に走る者が出てくる恐れがある。

こうした「ネタ的」なパフォーマンスでは、ファシズムのリアルな状況が再現できず、学習効果が見込めないのではと思われるかもしれない。しかし、あくまで演技でやっているという意識がなくなったら本当に危ないので、この程度の「戯画性」は取り入れる必要があるだろう。参加者が「ネタ」と認識できる「リア充爆発しろ！」ですら感情が高揚してしまうのだから、彼らが「正義」と信じる行為であればなおさらである。

授業ではほかにも、白シャツをジーパンにインするよう指導するなど、自分たちの滑稽さを自覚させるための指示をおこなっている。

### ⑤ 事前の入念な準備

「体験学習」の大部分は、基本的に映画『THE WAVE ウェイヴ』に沿った内容で、事前に詳細な台本も用意しているので、教師はほぼ台本通りの指示を与えるだけで、授業を一通り進行できるようになっている。

それでも、事前に準備しなければならないことは多い。まず、屋外実習の場所を確保しなければならない。このため、大学内のグラウンドの使用許可を取得し、周囲に授業であることを知らせる看板を設置する。雨天時に備えて、大学内のホールなどを予約しておく必要もある。

また、かなりの騒音が発生して迷惑をかける恐れがあるので、周辺の教室で授業をおこなう教員や施設の職員に、あらかじめ通知しておいたほうがいいだろう。さらに、誤解を招きやすい授業なので、大学内の関係当局（教務部や学生部など）には、授業の目的を文書で通知し、事前に了解を得ておくことが望ましい。

だがそれ以上に苦労するのは、敵役のカップル3組の確保である。授業の1か月ほど前には、ツイッターで「甲南大の学生でリア充の方、お願いしたいことがありますので連絡をください。些少ながら謝礼も出ます」と告知し、カップル役をやってくれる人を募る。例年、この方法ではなかなか見つからないため、ゼミ生や知り合いの学生に声をかけて、何とか3組のカップルを確保しているのが実情である。大勢の学生から罵声を浴びる役など、やりたがる人が少ないのももっともだが、前年の受講生でぜひやってみたいと手を挙げてくれる学生もいる。

これに加えて、教壇の前に引きずり出される学生1名、および引きずり出す役の学生2名も確保しなければならない。これは3年前から取り入れた演出で、過去3回はゼミ生に依頼している。なお、引き受けてくれた学生にはＳＡ費（授業補助費）から謝礼を出している。彼らには授業当日に早めに集まってもらい、演技の段取りを説明する。

このほか、授業に用いる小道具の準備も必要だ。主なものとしては、屋外実習用の拡声器や行進に使う笛、ワッペン作成用のガムテープ、ペンとハサミ、見せしめ用のプラカード、自分が着る白シャツとジーパンなどが挙げられる。

⑥　状況に応じた適切な指示

もちろん、準備万端で授業に臨んでも、臨機応変な対応は必要である。受講生から台本通りの反応が得られない場合には、そうした反応を促すような指示を与えるべきだし、何らかのハプニングが生じたら、それを笑いの種にするなどして軌道修正をはからなければならない。

教室内を巡視しながら受講生に発言を促し、その内容に応じて適切に回答することも重要である。台本の棒読みのような授業では、受講生の学習意欲を引き出すことはできない。授業全体の大きな筋書きを意識しながらも、個々の局面では当意即妙に対応することで、授業の臨場感が高まり、学習効果も向上する。

もっとも、これはどんな教師も程度の差はあれ心がけていることで、さほど難しい課題ではないだろう。

集団意識の変化を体験させるという目的からすれば、教師にとって何より重要なのは、受講生がそうした意識の変化を認知できるよう、重要な局面で適切な指示を与えることである。

教室内で行進の練習をおこなう際には、受講生に足を強く踏み鳴らすよう盛り立て、足音が大きくなるタイミングを見はからって、「これが『共同体の力』です」と説明を加える。グラウンドで「ハイル、タノ！」の敬礼をおこなう際、参加者の声が小さいのを確認したうえで、「周りの人たちは君たち一人ひとりのことは見ていないから気にしないように」と指示して、集団に埋没することで得られる安心感に注意を向ける。

こうした時機を見た指示をおこなうことで、受講生は自らの体験を集団意識の働きへの理解につなげることができ、結果として実習の教育効果も高まるのである。

このような点で、教師の指導力が授業の成否を握っていることは言うまでもない。「体験学習」においてはさらに、その指導力が普段の授業を運営する教師の権威に依存している点にも自覚が必要である。

受講生は自分たちで選んだ指導者に従っていると感じているが、実際には教師の指示だから従っている。これを見透かされると体験授業の効果が半減するので、教師の指導力を属人化させることは避け、誰が指導者であっても特定の手順さえ踏めば発揮できる力のように提示しなければならない。

そうした難しい課題を達成するためには、満場一致の拍手を何度も指示するなどして、普段とは明らかに異なる独裁制に特有の異様な空気を醸成することが重要だろう。

なお、技術的な問題ではあるが、屋外実習では教師一人で集団を統率することが困難な局面も多い。特にグラウンドで隊列行進をおこなう際には、参加者がなかなか整列せず手間取っている。実習の効果にも関わる問題なので、統率の強化のため実習補助員（TA・SA）を投入したほうがよいかもしれない。

あるいは、実際に何度か試みたことがあるが、誕生月のグループごとにサブリーダーを指名して、集団の統率を補助させるという方法も考えられる。

⑦　実習の場所の設定

「体験学習」は、１回目の授業全体と２回目の授業の前半が教室内で、２回目の授業の後半が屋外のグラウンドで実施される。受講者数が約２５０名と授業規模が大きいこともあって、教室・グラウンドの設定や構成にも工夫が必要である。

まず教室について言うと、収容人数は受講者数の２割増しぐらいが望ましい。受講生が２５０名なら、収容人数が３００名程度の大きさである。教室が狭すぎると、行進や敬礼の練習に支障をきたす。広すぎると、人数の多さによる圧迫感が出ず、全員が制服を着た際の視覚的インパクトも弱くなる。教師の目の行き届きやすさを考えると、形状は階段教室がよいだろう。

また、行進の練習の際に足踏みの音を響かせるためには、教室は１階よりも２階以上に位置していたほうがよい。もちろん、授業実施の前には、階下の教室で授業をおこなう教員や施設の職員に了解を得ておかなければならない。

さらに重要なのは、全員で独裁制を演じるという実習の性格上、教室内の構成をそれにふさわしいものにすること、具体的には、席替えをおこなって受講生を分断することである。これによって、友だちと並んで座っていた受講生も横のつながりを断たれ、教師との縦の関係に組み込まれることになる。隣り合わせに座る見知らぬ他人と話すこともできず、それまで経験したことのない孤独と不安に晒された彼らは、周囲の行動に合わせて指導者の指示を聞くことしかできなくなる。

次にグラウンドについては、屋外実習の参加者に意識の変化を実感してもらうために、できるだけ広く人目の多いスペースがよい。外部から隔離された教室内での練習と違って、屋外実習では参加者は周囲に集まった野次馬の視線に晒されることになる。それが彼らの意識に重要な変化をもたらすことはすでに述べた。

事実、２０１９年に体育館内で部外者をシャットアウトして実習をおこなった際には、集団の声の高揚が小さいように感じられた。実習後の感想にも、誇らしさや達成感に言及したものが少なかった。

ちなみに、屋外実習の実施にあたっては、グラウンドの周囲に「これは授業です（社会意識論）」と書いた看板を設置している。部外者が間違って集団行動に加わるような事態を避けるためである。しかし、それでも毎年数人は面白半分で糾弾に参加する野次馬が見られる。周囲を警備するために実習補助員を配置するなど、もっと効果的な対策が必要だと考えられる。

### ⑧　実習の期間の限定

「体験学習」は毎週1回の講義の時間を利用し、2回に分けてそれぞれ90分ずつ実施している。その回数・長さも適切に設定する必要がある。

実習が短すぎると、単なるゲームになってしまい、参加者の意識を変化させるだけの効果をもたらさない。かといって長すぎると、参加者を深く集団行動にのめり込ませ、個人崇拝や排斥行為をエスカレートさせて、場合によっては心理的・身体的な危害を生じさせる恐れがある。最も危惧されるのは、映画『THE WAVE　ウェイヴ』のように、参加者が集団行動に魅せられるあまり、教師が制御できなくなるほど過激化してしまう事態である。指導者が命令しなくても支持者の欲求や感情だけで行動が過激化していく危険性は、集団行動それ自体に内在しているものである。そうした集団の暴走を防止するには、教師の目の届かないところで受講生が勝手に活動することを禁止する必要がある。

放課後の活動に目を配るうえでは、ツイッターなどのSNSを利用したモニタリングも有効だろう。実際、私も授業後1週間ほどツイッターで集中的にモニタリングをおこない、受講生および部外者の一般学生の間に危険な動きが生じていないか目を光らせている。

具体的には、授業のことに言及している学生のツイート（しばしば画像も添付されている）を見つけ次第リツイートして、教師を含む世間の視線に晒されていることに気づかせるという方法を取っている。世間の誤解を招きかねないツイートに対しては、削除を要請するなどの指導もおこなっている。

もっとも、大学では中学・高校と違って週に1回しか授業がなく、放課後にクラス全体で活動する機会もないので、もともと暴走の危険は小さいと考えられる。体験授業がはじまるまでの講義で事前学習をおこなっていることも、間違いなく暴走を防止するうえで重要な役割を果たしている。逆に言うと、中学・高校のように生徒同士の関係が密接でクラス単位での活動が多く、授業内で事前学習も実施されていない状況では、こうした授業を実施するのは危険である。

講義では2回の実習の後、3回程度の授業をデブリーフィングにあてている。このデブリーフィングが決定的に重要なので、実習そのもの以上に時間をかけたほうがよいだろう。

## 2　「体験学習」の教育的意義

### ■主体的な学び

　ところで、受講生に行動・体験させるという授業のやり方は、いわゆる「アクティブ・ラーニング」と重なる面がある。

　アクティブ・ラーニングとは、教師による一方的な知識の提供ではなく、学生の主体的な学びを重視する授業の方法である。近年の大学では、グループ・ワークやグループ・ディスカッションを中心に、様々な取り組みがおこなわれるようになっている。その教育効果はある程度まで実証されており、学生に自分の頭で考えさせる意義を評価する声が強い。

　「ファシズムの体験学習」も、受講生の主体的な学びを重視する点では、基本的に同じ方向性にある。だがその反面で、違いも大きい。

■座学の重視

第一の違いは、「体験学習」では教師による知識の提供、いわゆる「座学」も重視していることである。

学生の主体的な学びにもその基礎となる知識が必要なはずだが、グループ・ワークなどではややもすると知識の提供が軽視され、浅薄な議論がおこなわれるにとどまってしまう傾向が見られる。

これに対して「社会意識論」では、「体験授業」に入るまでに9回程度の時間を割いて監獄実験やミルグラム実験の解説をおこない、「権威への服従」の仕組みに関する知識の定着に力を入れている。

これはもちろん、実習を有意義なものとするための事前学習の意味をもっている。座学と実習を組み合わせることで、頭で観念的にわかっていることが身体的な感覚を通じて深く理解されるようになるはずである。

■台本の役割

第二の違いは、「体験学習」が教師の用意したシナリオに沿って進行することである。これは受講生から自由な思考を奪うように見えるが、実際には逆の働きをする。

近年多くの授業でおこなわれているグループ・ディスカッションなどでは、参加者がお互いの顔色や、その後ろにいる教師の顔色をうかがうことに終始し、もっぱら同調的なコミュニケーションを強いられているように見受けられることがある。自由な議論を奨励した結果、空気を読んで状況に順応するだけの姿勢を強化してしまうという、皮肉な事態が生じていると言ってよいだろう。

それとは反対に、「体験学習」は参加者に台本通りのロールプレイをおこなわせることで、その不自由な状況を意識的に脱却しようとする姿勢を生み出す。意に沿わない役割を押しつけられた参加者は、おのずと自分を含む周囲の状況に違和感を抱き、そこから距離を取って批判的に観察するようになる。集団的熱狂に流されつつ、その状況を客観視する視点が、参加者を主体的な学びへと向かわせることになるだろう。

## ■集団行動の危険性を学ぶ

さらに言えば、参加者に集団行動をおこなわせる「体験学習」には、自分の感情が周りの状況によって影響を受け、変化するという事実に気づかせるという効果がある。参加者は教師に指示されるまま行動しているうちに、いつのまにか感情を揺さぶられ、熱狂の渦に巻き込まれていく。この体験は、自分の内面の変化を手がかりに、人間が過激な行動に走る理由を主体的に考えることを可能にする。

しかもそれは、自分の倫理観が周囲の動きに圧倒されるという経験を通じて、集団心理の怖さを認識することにもつながる。参加者は、頭では他者を攻撃するのはいけないとわかっているのだが、攻撃に参加しているうちに徐々に高揚感に満たされ、抵抗を感じなくなってくる。そこに危険性を見出した参加者は、集団行動への内面的な歯止めを身につけるようになるだろう。

さらにまた、加害者の立場に身を置くという経験は、暴力的な行動が自分にとっても無縁ではなく、普通の人間を虜《とりこ》にしてしまう圧倒的な力をもっているという認識をもたらす。要するに「体験学習」は、ファシズムが魅力的だからこそ危険なのだということを実感させるのに役立つはずである。

## ■民主主義教育の限界

従来の民主主義教育は、こうした集団行動の危険性に正面から向き合ってこなかったように思われる。

もちろん、「ファシズムはいけない」と教えることは重要である。だがそれだけでは、実際にファシズム的な状況に直面した場合、これに加わるのを防ぐ充分な歯止めとはならない。そうした限界を乗り越えるような、もっと踏み込んだ取り組みが必要だろう。

私が「体験学習」をはじめるにいたった背景にも、そうした教育の現状への危機感があった。ファシズム＝悪という道徳的価値を理解させるにとどまらず、ファシズム的な集団行動に主体的に関与させ、その心理的影響を肌身に感じるような体験をさせることで、具体的にどのような行為がファシズムにつながるのかを見分ける道徳的判断力や、その危険性に適切に対処する実践的行動力を育成することが不可欠である。

## 3　「体験学習」が直面する課題

### ■否定的な価値を学ばせる

「体験学習」は、ファシズムを実践するロールプレイを通じて、その危険性を理解させようとするものである。民主主義や平和主義といった肯定的な価値を教える実践とは、目的こそ共有しているものの、手法においては真逆と言える。

否定的な価値を学ばせる教育実践は、かえってその魅力に目覚めさせかねないなどの危険性をはらんでおり、そのために一般社会の理解を得にくいのが実情である。そうしたこともあってか、従来の民主主義教育では、ファシズムの危険性を教える場合でも、それを悪なるものとして否定するだけで済ませてしまいがちであった。

だがこれは、臭い物に蓋をすることにほかならない。

## ■「寝た子を起こすな」論

そうした中途半端な姿勢の根底には、差別問題や性教育における「寝た子を起こすな」論と同様の保守的な道徳観がある。簡単に言えば、「あえて教える必要はない」「わざわざ教えるから問題が生じるのだ」という見方である。

こうした道徳教育観からすると、ファシズムの危険性は言葉で説明すれば充分で、後は聞き手に任せるだけで自然に正しい対処法が身につくはずだということになる。逆に、あえてファシズムの危険性を体験させることは不要であるばかりか、かえってその魅力に目覚めさせてしまう恐れもある。「体験学習」に寄せられる批判のなかには、そうした見方に立ったものが多い。

しかし、このように道徳的価値の継承を社会の自生的な努力にゆだねることによっては、ファシズムの危険性に充分に対処することはできない。というのも、ファシズムを成り立たせている「権威への服従」の仕組みは広く社会の根幹に関わっていて、その危険性もまた日々の生活を通じて自然に維持・継承されていくからである。普段の生活のなかで自覚なく受容しているものの危険性を認識するには、教育の意図的な介入が必要だろう。

教育は、社会に根ざした道徳を次世代に継承しつつも、その道徳をより適切なものへと刷新していくことを一つの使命としている。体験を通じて集団行動の危険性に目を開かせる取り組みは、道徳の継承のみならず刷新もはかることで、従来の教育の限界を乗り越えようとするものである。

## ■意義を理解してもらうこと

もちろん、こうした取り組みをおこなううえでは、その教育的な意義に対する社会の側の充分な理解が必要である。これが不充分だと、授業の危険性だけが一人歩きして批判を浴びる結果となりかねない。

私は5年ほど前から、ツイッター等で授業の内容を積極的に発信している。これも世間一般の誤解を払拭し、授業の意義を理解してもらいたいと考えてのことである。「危険な事態が生じることはないのか」という懸念の声に対しては、そうした事態を防止する対策を充分に取っていることなどを説明して、丁寧に理解を求めてきた。

だがこうした対応では、ツイッター上の一部の人びとしか説得できず、なかなか社会全体の理解にまではつながらない。「おわりに」で詳述するように、「体験学習」は2018年にメディアの注目を集めたことを原因として、それ以降の授業の実施に困難をきたす事態に直面することになった。全体としては好意的な反応が多数を占めたものの、一部に誤解に基づく批判が生じ、大学にクレームが寄せられるに及んで、事態を憂慮した大学当局の規制が強まる結果となったのである。

否定的な価値を学ばせる体験型の教育実践は、このように社会との軋轢を生み出さざるをえない構造的な問題をはらんでおり、それをいかに回避しながら社会に働きかけていくか、さらに掘り下げて検討する必要があろう。

なお、近年の大学では、人を対象とする実験や調査などを実施する場合、事前に倫理審査を受けることが要請されるようになっている。「体験学習」は授業の一環であるため、今のところ審査の対象にはなっていないが、近い将来そうなる可能性もある。その場合でも実施が可能かどうか、予断を許さない状況であることも付記しておきたい。

コラム

## 青い目、茶色い目

「青い目、茶色い目」とは、アメリカの小学校教師ジェーン・エリオットがはじめた人種差別の実験授業である。1968年4月、公民権運動の指導者キング牧師が暗殺された翌日、エリオットはアイオワ州ライスヴィルの小学校で、3年生の児童を対象に人種差別を体験させる授業を開始した。それはクラスの生徒を青い目と茶色い目の2つのグループに分け、目の色を理由に両者を差別的に扱うという2日間の授業である。

初日は青い目の生徒を優遇し、茶色い目の生徒を冷遇した。前者は5分間長い休憩や新しい遊具の使用、給食のおかわりなどの特権が与えられたほか、教師からくり返しその優秀さを賞賛されたのに対し、後者は首元に識別用のエリを巻かれ、間違いを犯すたびにその劣等性を非難された。また、青い目の生徒は同じ目の色の子とだけ遊び、茶色い目の子を無視するよう指示され、同じ水飲み場を使うことも禁止された。

その結果、青い目の生徒はすぐに傲慢になり、茶色い目の子に嫌がらせをするようになっただけでなく、国語と算数のテストをやらせたところ、その得点とスピードがかなり向上したこともわかった。生徒の一人は「王様みたいな気分」になり、茶色い目の子に意地悪をしたくなったと述べている。これとは反対に、茶色い目の生徒は自信を失って無気力になり、テストの成績が悪くなるとともに、休憩中も孤立するようになった。目の色で生徒たちを分けただけでたちまち差別的な言動が発生するというこの変化は、監獄実験の結果を思わせる。

翌日は両グループの優劣を逆転させ、茶色い目の生徒を優遇し、青い目の生徒を冷遇した。生徒の間には同じような変化が生じ、茶色い目の子も青い目の子を嘲笑するような姿勢を示したが、前日ほど変化は大きくなかったという。そして最後に、教師の指示で両グループの差別を取り払い、クラス全体で差別体験のつらさを語り合って、人種差別に反対する意志を確認した。エリオットによれば、このように差別の痛みや苦しさを分かち合うことで、生徒たちは人種差別のない社会の望ましさを理解するようになる。人種差別を身近な問題として扱い、差別意識をもたない人間を育てることが、この実験授業のねらいである。差別を体験した生徒たちは後に授業のことをふり返って、混乱と屈辱を感じたものの、それでも学ぶ価値はあったと証言している。

エリオットの授業実践は大きな反響を呼び、1970年にはドキュメンタリー番組として全国放送されるまでになった。ただし反応は賛否両論で、差別意識を取り除くのに有効な取り組みとして高く評価される一方、子どもの心を傷つける危険性があるとの批判も出た。授業の模様を収めた映像は各地でくり返し上映され、学校だけでなく行政機関や一般企業などでも広く利用されるようになった。エリオット自身も1980年代半ばに教壇を去り、その後はいわゆるダイバーシティ・トレーニング（グループ内の偏見や差別を減らし、多様なメンバー間の効果的な協力を促進するための職場向けプログラム）の推進に取り組んだ。

# 第6章
# ファシズムと現代

『帰ってきたヒトラー』(165ページ参照)

DVD価格1143円(税抜)発売・販売元:ギャガ ©2015 Mythos Film Produktions GmbH & Co. KG Constantin Film Produktion GmbH Claussen & Wöbke & Putz Filmproduktion GmbH

「ファシズムの体験学習」は、現代の社会状況を考えるうえでどんな示唆を与えてくれるのだろうか。排外主義運動やポピュリズムが猛威をふるい、ファシズムが再来しつつあると言われる今日、この授業実践から得られる示唆は多い。

本章では、「体験学習」の内容をふまえながら、ファシズム的な運動が台頭する背景を探るとともに、そうした運動にどう向き合えばいいのかを考えたい。

# 1　ポピュリズムの時代

## ■現代に蘇るファシズム

第二次世界大戦末期、ソ連軍に包囲されたベルリンの地下壕でヒトラーは自ら命を絶ち、12年にわたるナチスの支配は終焉を迎えた。

だがこれによってファシズムは息の根を止められたわけではなく、その亡霊は今なお世界をさまよい続けている。それは様々な危機のたびに地中から這い上がり、再び息を吹き返す可能性をもっている。

ドイツでも近年、移民問題を契機としてペギーダ（西洋のイスラム化に反対する欧州愛国者）やＡｆＤ（ドイツのための選択肢）といった極右排外主義運動が台頭し、ファシズム再来の危機が高まっている。

ドイツ映画『帰ってきたヒトラー』*Er ist wieder da*（２０１５年）は、まさにこのファシズム復活をテーマにした映画だ。

現代のベルリンに蘇ったヒトラーは、巧みな演説で人気コメディアンにのし上がっていく。移民の流入、少子高齢化の進行、経済格差の拡大などといった問題を一刀両断に斬るヒトラーの言葉を聞いていると、それが今日の聴衆にとっても大きな説得力をもっていることを認めざるをえなくなってくる。

『帰ってきたヒトラー』

これまで誰もが批判を恐れて口にできなかった本音を、彼はズバリと言い切る。そうした発言にいつのまにか心を動かされた映画の観客は、ナチズムが今なおお人びとを惹きつける魅力をもっていること、それどころかすでに極右排外主義運動のなかに復活していることに気づき、愕然とするのである。

ヒトラー自身が映画のなかで語っているように、「私は君たちのなかに存在する」。つまり、彼のごとき怪物を生み出したのは、ドイツ人が心の底で抱くどす黒い不満である。人びとが言いたくても言えなかった本音、胸のうちに抑圧してきた憎悪に表現の機会を与えるところに、ヒトラー、そしてファシズムの危険な「魅力」がある。

混迷を深める現代社会のなかで、多くの人びとが抱くやり場のない不満。ファシズムはそうした感情を養分にしながら勢力を拡大する。映画『ＴＨＥ ＷＡＶＥ ウェイヴ』で描かれた生徒たちの姿は、そのことを明らかにしている。彼らが独裁制の体験授業に参加しているうちに危険な一体感や万能感に飲み込まれていくのは、そこに普段の生活が与えてくれない新鮮で魅力的な経験を見出したからにほかならない。

クラスメートからいじめを受けるオタク、勉強に目的を見出せない落ちこぼれ、欲しい物を手に入れ異性の気を引く生活に退屈する生徒たち……。彼らはそれぞれ「終わりなき日常」のなかで閉塞感や無力感を募らせており、だからこそ自分たちの力を実感させてくれる集団行動に魅力を感じたのである。

ここにはまさに、現代社会のなかで人びとが抱く実存的な不安が照らし出されている。教師ヴェンガーが生徒たちを集めておこなった演説のなかで、グローバル化や貧富の格差、大企業の専横などを激しく糾弾して拍手喝采を浴びるのも、現代人の多くが複雑で混沌とした資本主義体制に翻弄され、疎外感を強めている状況を反映している。

ファシズムはこういう状況に対して、何のために生きるのか、どうすれば自分の存在価値を示すことができるのかを単純明快に教えてくれる。すなわち、「団結は力なり」である。生徒たちの「熱狂」の根底にあったのは、そうした意味での自己実現の欲求だと言えよう。

## ■生の実感を取り戻す

映画『ファイト・クラブ』*Fight Club*（１９９９年）はさらに、そうした実存的な欲求がファシズム的な運動を生み出していくプロセスを描き出している。

全国を出張で飛びまわる会社員の主人公は、高級マンションに住んでデザイン家具やブランド品を買い揃え、何不自由ない日々を送っていたが、単調な生活に意味を見出せず、深刻な不眠症に悩んでいた。飛行機の機内で渡されるものと言えば、ままごとのような機内食に1回分の砂糖とミルク。宿泊先のホテルで提供されるのも、1回分のシャンプーと石鹸。現代人の生活を無機質で貧しいものにしているこれらの使い捨ての量産品は、資本主義による人間の疎外状況を象徴している。

『ファイト・クラブ』

そんな日々のなか、主人公は飛行機で出会った謎の男タイラーから「真実」を聞かされる。「おまえはモノに支配されている」。現代人は広告に煽られて、要りもしない車や服を買わされている。そんな生活を続けることに、いったい何の意味があるのかと言うのだ。

そして、ただ殴り合うという行為に喜びを見出した二人は、同じように暴力の快楽を求める多数の男たちを惹き寄せ、地下で拳闘をおこなう秘密組織「ファイト・クラブ」を結成する。この地下組織は、格差社会のなかで不満を募らせた男たちに発散の場を与え、全国各地に急速に拡大していくが、それはほかでもなく、勝敗に関係なく素手で殴り合うこと、そこで味わえる興奮と恍惚が、普段の生活では得られない生の実感を、魂の救済を与えてくれたからである。

男たちの暴力的なエネルギーは殴り合いのなかで増幅し、やがて自分たちを疎外する資本主義社会そのものに牙を剥くことになる。そのプロセスがファシズムの台頭を象徴していることは、タイラーの次の発言からも明白だ。「世界大戦もなく大恐慌もない。俺たちの戦争は魂の戦い。毎日の生活が大恐慌だ」

今日の社会全体を覆う閉塞感は、それを打破しようとする攻撃衝動を惹起し、ファシズムの台頭に道を開く危険性をはらんでいる。ここには一つの逆説がある。現代社会では一般に赤裸な暴力は抑圧され、タブー化されているが、そのことが人びとの生活を無味乾燥なものにする結果として、かえって暴力の魅力を高め、「タブー破り」の欲求を惹起してしまっている。ファシズムが人びとを惹きつける大きな理由の一つは、そこにあると言えるだろう。

ナチス式敬礼やハーケンクロイツ、親衛隊の制服などに「カッコよさ」を見出す若者が多いのも、それが暴力性を秘めた「反抗」の象徴として、抗しがたい魅力を放っているからである。ナチスまがいの服装をして物議をかもす若者たちは、それが禁じられていることをわかったうえでやっているのであって、この種の「反抗」が一定の共感を得てしまう状況にこそ、問題があると見るべきである。

こういう状況では、「ファシズムはいけない」などと批判するだけでは不充分であるどころか、かえって「禁じられたもの」の魅力を高め、タブー侵犯の欲求を亢進させてしまう。そこにあらわれているのは、刺激に飢えた社会の危うさである。

## ■ポピュリズムの危険性

生の抑圧状況がそれに抗《あらが》う衝動を呼び起こすという逆説は、世界中で台頭しつつある排外主義的なポピュリズム運動にも見出すことができる。その台頭を理解するための鍵は、生の自己決定権を求める現代人の根源的な欲求である。

高度に複雑化した資本主義社会のなかで、自分の生活の決定権を奪われていると感じる人びとが、そうした社会を牛耳っている大企業やメディアの「嘘」を糾弾する運動に惹き寄せられるのは、無理もないことである。「ファイト・クラブ」のリーダーであるタイラーは、この地下組織に集う仲間たちの思いをこう代弁する。「テレビは言う。『君も明日は億万長者かスーパースター』。大嘘だ。その現実を知って俺たちはムカついている」。生の回復をめざす衝動は、こうして既成体制への敵意と結びつくことになる。

ポピュリズムの定義には様々なものがあるが、論者の見方がおおむね一致しているのは、真の「人民」の存在を措定《そてい》し、自分たちこそそれを代表していると主張するという本質的な特徴である。

ポピュリストたちはこの「人民」の意思を絶対視して、その実現を阻むあらゆる制約の打破を求める一方、民主主義社会の基盤をなす政治的・文化的・社会的多様性を排除して、統一された均質な「共同体」の形成をめざす。しかもまた、彼らは「人民」を抑圧・搾取するエスタブリッシュメント（既得権層）や、その庇護のもとで特権を享受するマイノリティへの憎悪や敵意を煽り、その排除に向けて大衆の感情を動員しようとする。

複雑な現実を単純化し、わかりやすい敵に責任を転嫁する点で、ファシズムとポピュリズムが取る煽動の手法は基本的に同じである。

## ■「正論」の限界

ポピュリストたちは「嘘つきメディア」や「人民の裏切り者」を執拗に攻撃するが、それは自分たちの「声」が不当に抑圧されていると感じる人びとの不満に訴え、既成体制に対する激しい抗議の波を引き起こすことをねらうからである。彼らは自分たちを縛るあらゆる制約を打破し、それまで表明を禁じられてきた本音を堂々と主張することを求める。

それゆえ、リベラルな価値観を押しつける「政治的正しさ（ポリティカル・コレクトネス）」には激しい敵意が向けられることになる。ポピュリストたちにとって、メディアがふりかざす正義や良識など、自分たちの感情を抑圧するだけの空虚なご高説にすぎない。「差別なんて知ったことか、好きなことを言わせろ」という感情、一種の「タブー破り」の欲求が、彼らを過激な言動に向かわせる動機であり、魅力になっているのである。

やっかいなのは、そうした言動に対しては「正論」がほとんど役立たないことである。民主主義社会を擁護するべく差別や煽動に異議を唱えたところで、そうしたリベラル派の啓蒙主義的な教説への反発から排外主義運動に加わった当の人びとの胸には響かないし、その過激な言動を押しとどめることもできない。極右運動の台頭に対抗して既成政党がタッグを組んで「防疫線」を張っても、かえって支持者たちの反発を強め、運動を勢いづかせてしまうという事例もある。

移民排斥デモに対して「よくやった、どうして俺たちが肩身の狭い思いをする必要があるのか」という共感が寄せられる今日の状況は、民主主義社会の深刻な危機をあらわしていると言えよう。

そもそも、ポピュリズムはその本質において似非民主主義的な性格をもっている。それは常に「人民」の声を代弁し、エスタブリッシュメントの犠牲者を装うが、実際には自分たち多数派の絶対的な支配を求め、それを阻むリベラルな多様性を徹底して破壊しようとするからである。

ポピュリズムの立場から民主主義を「多数派の支配」と一面的に理解するとき、その暴走を阻止する歯止めは失われてしまう。多数派の声が絶対で、多数決で決まったことには従えというような考えは、権威主義と同じである。権威の後ろ盾のもとでは何でもできるという万能感は、容易に敵や異端者への攻撃に転化し、過激な暴力を噴出させてしまう。極右排外主義運動の台頭は、そうしたファシズム再来の危険性を示している。

## 2　日本の不寛容な空気

### ■「HINOMARU」騒動

ファシズム再来の危険性は、今日の日本にも無縁のものではない。

政権へのいかなる批判も「反日」と糾弾され、「国益を損なう売国奴」とバッシングを受ける。在日韓国・朝鮮人への憎悪を煽るヘイトスピーチや性的マイノリティへの差別的な言動が横行する一方で、日本や日本人を礼賛する「日本スゴイ」番組があふれかえる……。

今日の日本を覆うこの不寛容な空気は、いったい何をあらわしているのか。

その正体に迫る手がかりを与えてくれるのが、２０１８年６月に人気ロックバンドＲＡＤ

WIMPSが発表した新曲「HINOMARU」をめぐる騒動である。「さぁいざゆかん　日出づる国の　御名の下に」「この身体に流れゆくは　気高きこの御国の御霊」などと歌う「HINOMARU」の歌詞が「軍歌っぽい」と批判を浴びたこの騒動。軍国主義の記号と古風な言葉づかいを散りばめたこの曲の歌詞に、戦時中の軍歌や愛国歌を思い起こさせてしまう面があるのは確かだ。

批判を受けて作者の野田洋次郎がSNSで発表したコメントを読むと、「HINOMARU」の問題が歌詞の「軍歌っぽさ」以上に、そこでの愛国心の発露の仕方にあることが見えてくる。

■「右も左もない愛国心」

野田のコメントのなかでまず目を引くのは、「自分の国」への素朴な愛着を表現したいという強い欲求である。「日本に生まれた人間として、いつかちゃんと歌にしたいと思っていました」「純粋に何の思想的な意味も、右も左もなく、この国のことを歌いたいと思いました」

野田の言うところによれば、「HINOMARU」は「右や左」といった思想・信条ではなく、国を愛するという「純粋」で汚れなき感情を表明した歌である。軍歌を彷彿《ほうふつ》とさせる歌詞はきわめて空虚で、取って付けたようにぎこちないが、それも国を愛するという「信仰」の告白に力点が置かれていると考えれば、なるほど納得がいく。

彼にとって重要なのは、「日出づる国」や「御国の御霊」といった言葉に含まれる「思想的な意味」を打ち出すことではなく、そうした古めかしい言葉に託された自分の素朴な愛国心を吐露し、そのカタルシスに陶酔することなのである。

この文字通り「無思想」で情緒的な愛国心の表出、そこに見られる反知性主義的な傾向は、「ＨＩＮＯＭＡＲＵ」の問題を考えるうえで避けては通れないポイントだ。

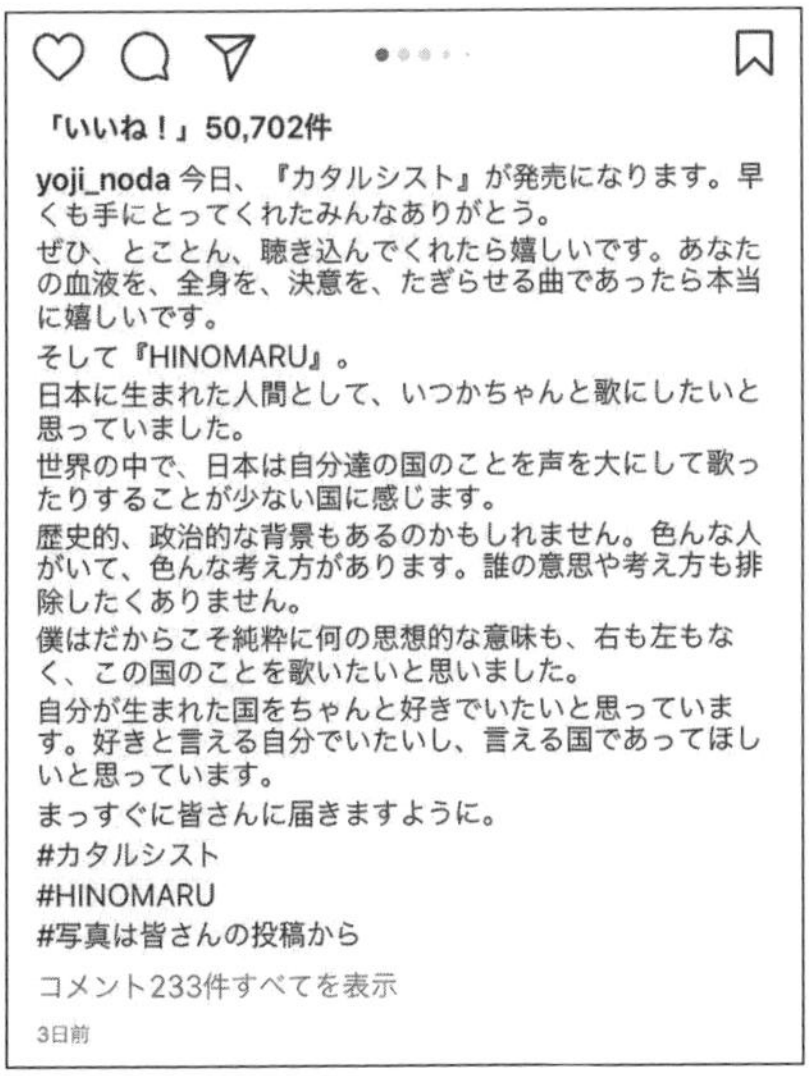
「いいね！」50,702件
yoji_noda 今日、『カタルシスト』が発売になります。早くも手にとってくれたみんなありがとう。

ぜひ、とことん、聴き込んでくれたら嬉しいです。あなたの血液を、全身を、決意を、たぎらせる曲であったら本当に嬉しいです。

そして『HINOMARU』。

日本に生まれた人間として、いつかちゃんと歌にしたいと思っていました。

世界の中で、日本は自分達の国のことを声を大にして歌ったりすることが少ない国に感じます。

歴史的、政治的な背景もあるのかもしれません。色んな人がいて、色んな考え方があります。誰の意思や考え方も排除したくありません。

僕はだからこそ純粋に何の思想的な意味も、右も左もなく、この国のことを歌いたいと思いました。

自分が生まれた国をちゃんと好きでいたいと思っています。好きと言える自分でいたいし、言える国であってほしいと思っています。

まっすぐに皆さんに届きますように。
#カタルシスト
#HINOMARU
#写真は皆さんの投稿から
コメント233件すべてを表示
3日前
野田洋次郎のコメント

もっとも、作者が「純粋」な感情を吐露したところで、それが多くの人びとの胸に届かなければ意味がない。「まっすぐに皆さんに届きますように」という野田の発言には、自らの心情の伝達を妨げる何らかの障害の存在が示唆されている。

「自分が生まれた国をちゃんと好きでいたいと思っています。好きと言える自分でいたいし、言える国であってほしいと思っています」

野田はこう述べて、自分の国のことを「ちゃんと好きでいる」こと、「好きと言える」ことを妨げる政治的・社会的な制約の存在を示唆するのだが、その制約がどういったものであるかについては、次の発言がもう少し具体的に説明している。

「世界の中で、日本は自分達の国のことを声を大にして歌ったりすることが少ない国に感じます」「歴史的、政治的な背景もあるのかもしれません」

国を愛する気持ちは「純粋」で自然なものなのに、それを堂々と表明することが「歴史的、政治的な背景」によって妨げられてきた。日本人が自分の国のことを「ちゃんと」歌えないのはおかしいのではないかと言うのである。

## ■「政治的正しさ」への反発

こうした発言にあらわれているのは、「純粋」で自然な愛国心の表明を抑圧し、タブー化してきた「政治的正しさ（ポリティカル・コレクトネス）」への反発である。

そう考えれば、作者がなぜ軍歌を思わせるような歌詞を書いたのか、その理由も明らかになってくる。彼のねらいはまさに、愛国心の表明を抑圧してきた戦後民主主義的な価値観に挑戦し、その硬直した支配を突き破って、何の制約も受けずに「自分の国が好きだ」と言えるような「自由」を勝ち取ることにあるのだ。

その限りで、「HINOMARU」は抑圧に抗して立ち上がった愛国者たちの「プロテスト・ソング（抗議の歌）」だと言ってよい。この曲の歌詞が物議をかもした直後のRADWIMPSのライブで、野田が聴衆に向かって叫んだとされる「自分の生まれた国を好きで何が悪い」という言葉は、抑圧への抗議を通じて表出される屈折した愛国心のあり方を示している。そこに表明されているのは、ある種の反権威主義的な心情だと言ってよい。

だがそれにしてもなぜ、野田はこうも「抑圧」に反発するのだろう。「自分の国が好きだ」と言ってはいけないと、誰かに制止されることなどありうるのか。事態はむしろ逆であって、いわゆる「国旗・国歌法」の制定以降、愛国心の表明が国策として奨励されている今日の状況を考えると、この「被抑圧」の感覚はいささか被害妄想的だと思われる。

それどころか、こうした状況下で仮想上の抑圧に抗議し、声高に「好きと言える自由」を要求するなら、それは「好きと言う義務」を押しつける国家権力に迎合し、その後ろ盾のもと力づくで反対派や少数派をねじ伏せようとする動きに合流して、世論全体を愛国一色に染め上げることにも寄与しかねない。戦時中の軍歌や愛国歌が挙国一致の翼賛体制の構築に加担した事実を思い起こせば、それがいかに危険な事態であるかは明らかだ。

野田の発言には、そうした「歴史的、政治的な背景」への反省、愛国心の発揚を抑制させてきたその危険な影響力への思慮が欠けていると言わざるをえない。それだけに、彼のナイーブな反権威主義は容易に保守派の権威主義に取り込まれ、飼い馴らされてしまうのである。

「HINOMARU」の問題は、愛国心をタブー化してきた戦後民主主義的な「正しさ」への反発、そしてこの反発を通じて表出される愛国心が多数派の声となって、不寛容な空気の醸成に寄与してしまう危険をはらんでいることを示している。

実際のところ、今日大きな問題となっているヘイトスピーチや排外主義運動は、そうした異議申し立ての感情を養分にしながら、これを過激化させる形で成長しているのである。

■ヘイトの動機

愛国心を抑圧する「政治的正しさ」への反発は、在日韓国・朝鮮人に対する憎悪や敵意を煽るヘイトスピーチの加害者たちの言動にも見出すことができる。彼らの言動を特徴づけているのは、自分の国を愛するという「純粋」な感情を抑えつけるマスメディアへの反発である。

彼らにとって、在日韓国・朝鮮人は「反日」であり、日本に潜入して破壊工作をおこなう

「危険分子」である。ところが朝日新聞をはじめとする報道機関は、彼らの活動に関して本当のことを報じず、「政治的正しさ」を喧伝してこの憎むべき連中に不当な特権を与えながら、そのことに憤る自分たちの「純粋」な愛国心を抑えつけている。その意味で、報道機関もまた偏向報道を通じて日本の破壊に手を貸す「売国奴」であり、怒れる多数派の声を抑圧する「反日勢力」の黒幕だということになる。

ヘイトスピーチの加害者たちがこうした陰謀論的・被害妄想的世界観のもと、義憤に駆られて過激な行動に走っていることは、朝鮮学校への補助金交付を求めた弁護士会の声明をきっかけに、2017年以降、複数の弁護士に対して大量の懲戒請求が寄せられた事件を見ても明らかである。あるブログの呼びかけに応じて懲戒請求をおこなった女性が、弁護士から損害賠償を求められた後になって、「日本のためになると思い込んでいた」と反省の弁を述べたのは、いかにも特徴的だ。

この女性を行動へと突き動かしたのは、「日本を守らねばならない」という使命感であり、「反日勢力」の脅威に対する危機意識である。だがその反射的な行動には、自分の行動に対する責任ある判断が欠けている。彼女が読んだブログの記事には、朝鮮学校を支援する弁護士たちを外患誘致罪や内乱罪で告発するよう呼びかける内容も含まれていたという。

在日韓国・朝鮮人に対して攻撃的な言葉をくり返す加害者たちは、巨大な「陰謀」の存在を知って憤激に駆られ、衝動的に「自衛」に立ち上がるという経緯を経てきた者が多い。彼らにとっては、「反日勢力」の脅威が本当に存在しているか、これに対する自分の行動が適切かは問題とならない。重要なのは、自分がどれだけ怒りを感じ、使命感を呼び覚まされたかである。

それゆえ、「反日勢力」を攻撃することは絶対的な「正義」であり、日本を守るための「正当防衛」であるということになる。こうなるともう、過激な行動をためらわせる内面的な抑制は働かない。「敵」は容赦なく攻撃すべき「悪」であり、その打倒をめざす行動は何であれ「善」だからである。

自分の国を愛するという「純粋」な気持ち、「政治的正しさ」によって抑圧されてきたその感情に目覚め、これを敵対者への攻撃のなかで何の制約もなく表出すること、それが差別的・排外主義的な言動に走る加害者たちを突き動かす根本的な動機である。「日本のため」という大義名分のもと、数の力で反対派や少数派を圧倒するという行動は、存分に自分の欲求を満たしながら、堂々と正義の執行者を演じることを可能にする。その何物にも代えがたい快感にこそ、彼らを惹きつけるヘイトの「魅力」があると言ってよい。

## ■ファシズムに抗するには？

日本中でヘイトの嵐が吹き荒れる今日の状況に対して、私たちはどう対処したらいいのだろうか。「ＨＩＮＯＭＡＲＵ」をめぐる騒動が明らかにしているのは、そうした状況の背景に、「純粋」な愛国心を抑えつける戦後民主主義的な価値観への反発があるということである。

ヘイトスピーチの加害者たちにとって重要なのは、「政治的正しさ」による抑圧に抗して、自らの感情を存分に表明することであり、これを妨げる敵対者に攻撃衝動をぶつけながら、そのカタルシスに陶酔することである。

彼らは「反日勢力」への憎悪や敵意を煽り、人びとを過激な攻撃へと駆り立てようとするが、この「反日勢力」なるものは実体のない仮想上の存在であって、複雑な現実を単純化し、わかりやすい敵に自らの不満を転嫁したものにすぎない。それゆえ、彼らが「反日勢力」と決めつけたものなら何でも攻撃でき、攻撃の妥当性を説明する必要もないばかりか、敵対陣営から反撃を受ければ受けるほど、「反日勢力」の存在がますます実体性を帯びるという結果になる。

こうした運動が多数派の共感を獲得し、世論全体がヘイトで染まるような事態を防ぐには、「ファシズムはいけない」などと理性に訴えるだけでは不充分で、場合によっては逆効果にもなりうる。むしろ私たちは、運動の参加者たちが味わう解放感、自らの感情を何の制約も受けずに表現できる「自由」の魅力に注目しつつ、彼らの感情に積極的に介入することで、過激化の危険性を摘んでいく必要がある。

万能な処方箋が存在しない難しい課題だが、「ファシズムの体験学習」は一つの方向性を示している。集団的熱狂の渦に巻き込まれる怖さを体験させ、理性を圧倒するファシズムの危険性に目を開かせる授業実践は、「流されずに異を唱える力」を育むのに有効だと考えられる。少なくともそれは、ファシズムを「悪」として否定するだけの硬直した批判を乗り越え、なぜそれが人びとの感情に訴えるのかを内在的に考える手がかりを提供するはずである。あらためて言うまでもなく、敵を制するには、まず敵を知ることが必要である。

## ■「責任からの解放」

ファシズムが「悪」であり、民主主義社会の基本的価値と相容れないことは、今日では誰もが知っている。ヒトラー率いるナチスがユダヤ人や反対派を弾圧し、戦争やホロコーストに突き進んでいった歴史を、私たちはくり返し学んできたはずだ。だがそれが遠い過去の出来事にとどまるならば、いま義憤に駆られて過激な暴力に走ろうとする人びとを押しとどめることはできない。

ファシズムを悪なるものとして否定するだけでは、多くの人びとがその魅力に惹きつけられ、歓呼・賛同しながら侵略と犯罪に加担していった歴史の教訓をいかすことにはならない。それどころか、臭い物に蓋をするような生半可な教育は人びとを無免疫のまま危険に晒し、彼らを加害者に変えてしまうことにもつながる。その意味ではむしろ、若い世代に適切な形で集団行動の危険にふれさせ、それに対する対処の仕方を考えさせることが必要だろう。

「ファシズムの体験学習」から得られる最も大きな教訓は、ファシズムが上からの強制性と下からの自発性の結びつきによって生じる「責任からの解放」の産物だということである。指導者の指示に従ってさえいれば、自分の行動に責任を負わずに済む。その解放感に流されて、思慮なく過激な行動に走ってしまう。表向きは上からの命令に従っているが、実際は自分の欲求を満たすことが動機となっているからだ。そうした下からの自発的な行動をすくい上げ、「無責任の連鎖」として社会全体に拡大していく運動が、ファシズムにほかならない。

この単純だが危険なメカニズムは、いくぶん形を変えながら社会のいたるところに遍在している。世界中で排外主義やポピュリズムの嵐が吹き荒れている今日、ファシズムの危険な「魅力」に対処する必要はますます高まっている。大勢の人びとが熱狂に駆られて「正義の暴走」に向かったとき、これに抗うことができるかが一人ひとりに問われているのである。

コラム

# ネット右翼

「ネット右翼（ネトウヨ）」とは、ネット上で右翼的・排外主義的な言動をくり返す人びとのことを言う。近年、在日韓国・朝鮮人への憎悪や差別を煽る「在日特権を許さない市民の会（在特会）」などによる街頭でのヘイトスピーチが大きな社会問題になるのと並行して、2ちゃんねるなどのネット掲示板やツイッターなどのSNSで同様の攻撃をくり広げる匿名の人びとの存在が注目されるようになったが、その愚劣極まる醜悪な言動から、彼らはリテラシーが低く社会経済的に弱い立場に置かれた若年男性とイメージされがちだった。

だが近年の大規模な実証調査の結果、そうしたイメージが実態とかけ離れていることが明らかになっている。ネット右翼の担い手と想定される人びとには男性が多いものの、年齢層は40代以上が中心で、学歴や収入、社会的地位などの点では一般の人びととほとんど差がなく、それどころか高収入層の割合がかなり高いことが判明している。この調査結果は、彼らが特定の属性や傾向でひとくくりにできない、かなり多様な人びとによって構成されていることを示している。

担い手の多様性に対応して、ネット右翼が取り上げるトピックも様々である。戦後民主主義を体現するリベラル派（左翼政党・運動）や朝日新聞などの既成メディアへの反発、「嫌韓」や「反日」、「在日特権」といった言葉に表現される排外主義的姿勢、「従軍慰安婦」問題をめぐる歴史修正主義的主張など、彼らの言動は保守的・愛国的なトピックのごった煮のように見える。だが意外なことに、そこには憲法改正や「愛国心教育」、「伝統的家族」の復活、「天皇中心主義」といったトピックはほとんど見られない。こうした特徴は、ネット右翼が伝統保守や既成右翼とは基本的に切り離されたところに成立した、比較的新しい現象であることを示唆している。在日韓国・朝鮮人の「特権」や朝日新聞の「偏向報道」を攻撃し、「反日勢力」への敵意を煽る彼らの言動にしても、当初からそうした形を取っていたわけではなく、1990年代半ば以降、様々なトピックの間を揺れ動き、変質や融合をくり返しながら、徐々に形を整えて広範な層に浸透していったものと見るべきである。

このような意味で、ネット右翼の過激な言動には1990年代以降の日本社会の状況が色濃く反映している。冷戦体制の終焉、長期経済不況・デフレ現象、ネットの普及、サブカルチャー(オタク文化)の深化など、ポスト冷戦期の状況との関連のなかで、彼らの動機や背景を慎重に究明していく必要がある。また、世界的にもヨーロッパの極右排外主義運動、アメリカのオルトライト(新右翼)など、欧米でもネットを基盤とする右派勢力の台頭が社会問題となっており、ネット右翼の問題もそうした同時代的な現象の一つに位置づけて考えるべきだろう。

コラム

# ヒトラーは社会主義者なのか？

近年、右派勢力の間で「ヒトラーは社会主義者だ」という主張が広がりはじめている。事実、そうした主張はアメリカのオルトライト（新右翼）や共和党の一部の常套句となっていて、敵対陣営である民主党左派を攻撃するのに多用されている。社会主義的な主張を唱える者はみなナチスであって、人びとを戦争やホロコーストに導こうとする者だというわけだが、このような粗雑な主張はもちろん、歴史の実態にはそぐわない。

ナチ党は正式名称を「国民社会主義ドイツ労働者党（Nationalsozialistische Deutsche Arbeiterpartei）」という。党名に「社会主義」と「労働者」が含まれているので、ナチズム＝社会主義＝左翼と短絡してしまいがちだが、そうした安直な見方は、「国民」と「ドイツ」があらわす意味の重要性を無視している。言うまでもなく、これらの語は民族や人種に究極的な価値を置く右翼的な政治姿勢を示すものだ。ナチ党が掲げたのは単なる社会主義ではなく「国民社会主義」であって、それはドイツ民族のためだけの社会主義、民族至上主義・人種差別主義（反ユダヤ主義）と結びついた社会主義という意味で、資本主義体制の打倒・変革をめざす本来の社会主義や共産主義と異なるどころか、それと明白な敵対関係に立つものだった。実際にも、ナチスはヴァイマール時代を通じて左翼政党と激しい抗争をくり広げ、政権掌握後には社会主義者と共産主義者を一斉逮捕し、強制収容所に送っている。ヒトラー自身、『わが闘争』のなかでくり返し「ドイツの共産主義化」の危機を訴え、その黒幕としてユダヤ人の国際的陰謀を攻撃しているが、そうした主張をなぞるかのように、第二次世界大戦中の独ソ戦では「ユダヤ＝ボルシェヴィズム」の殲滅《せんめつ》が目標に掲げられた。

確かに、ナチズムは一部で社会主義の影響を受けていた。ヒトラーは左翼政党のプロパガンダの手法を模倣し、たびたび反資本主義的なレトリックを用いて労働者階級のルサンチマン（怨恨）に訴える演説をおこなったし、ナチ党左派の間には、本気で社会主義革命をめざす動きも存在した。政権掌握後、ヒトラーは公共事業による雇用の創出、労働者向け福利厚生の拡充、家族支援や有給休暇の提供、消費・レジャーの機会の拡大などといった政策を次々に打ち出し、それを「実行の社会主義」の成果として誇示した。その背景には、労働者を懐柔して階級闘争から引き離し、「民族共同体」に統合しようとするねらいがあった。だがこれらの「社会主義的」な政策も、究極的には侵略戦争に向けた軍備拡張という目的に奉仕するもので、労働者を軍需生産につなぎとめておくための社会政策的譲歩でしかなく、実際には社会対立や不平等の是正にはほとんど寄与しなかった。それが本来の意味での社会主義と異なることは明らかである。

こうした理解をふまえると、ヒトラーを社会主義者と呼ぶのは歴史認識として間違っているばかりか、歴史修正主義的立場から過去を政治的に利用するものと言うことができる。攻勢を強める右派勢力にとって、そうした主張は自らとナチスの親近性から人びとの目をそらし、敵対陣営に批判を向けさせる目くらましの方便として役立つのである。

# おわりに

「ファシズムの体験学習」は２０１０年から10年にわたって実施されてきたが、甲南大学の学生の間では授業のことが口コミで伝わっていて、大学内の恒例行事、初夏の風物詩として定着している。受講生の評判は非常によく、４年目くらいには私もかなりの手応えを感じるようになった。

そこで私はこの頃から、社会学会などでこの授業に関する研究発表をおこなう一方、ツイッター等でも積極的に情報発信をおこなうようになった。毎年授業の１週間ほど前に授業の日時と場所の告知をおこなうと、その情報は瞬く間にネット上に拡散する。「君もリア充を糾弾してみないか？」というキャッチコピーの効果もあってか、何か奇抜で面白そうなことがおこなわれるのではと好奇心がかき立てられるようだ。ツイッター上で話題になったことから、ここ数年は出版社や新聞社・テレビ局の関係者の目にとまるようになり、執筆依頼や取材依頼も入るようになった。

君もリア充を糾弾してみないか？
日時：6月14日（木）13:00〜14:30　場所：甲南大学5号館521教室
社会意識論（ファシズムの体験学習）白シャツ・ジーパン着用のこと

そうしたなか、2018年6月の授業には朝日新聞の記者が参加して取材をおこない、記事で取り上げてもらうことになった。その記事が出るよりも早く、私は7月初めにウェブ雑誌『現代ビジネス』の依頼に応えて、授業を紹介する記事を寄稿した。この記事は公開されるとすぐに大きな反響を呼び、公開後2日で35万ページビューを記録するほどの注目を集めた。

ツイッター上の反応はおおむね好意的で、「すごい授業だ。怖いけど受けてみたい」「似たような経験を思い出して背筋が凍った」といった感想が大半を占めた。授業の教育的なねらいに理解を示すコメントも多かった。「こういう構造はどこにでもあるので、それを早回しで体験させることに意義がある」「集団としてコントロールされているにもかかわらず、まるで自分の意思で動いているような錯覚に陥る。これを正しく自覚することは大切」「若い学生が自覚しながらファシズムの仕組みにふれられるのは貴重な経験だと思う」

もちろん、一部に批判や懸念の声もあった。最も多かったのは、「集団が暴走してコントロールが効かなくなる危険性はないのか」「体験して本当に免疫が高まるのか。かえってファシズムの魅力に取り憑かれてしまう学生がいるのでは」という意見で、基本的に「寝た子を起こすな」論の範疇に属するものと言える。授業の危険性は賛否が分かれるところで、「かなり危険な授業であるとは思うが、それだけに学習効果も大きいだろう。大学の講義ならではという気もする」「なかなか危うい授業だが、日本人ならすでに小学校から同調圧力に慣れ親しんでいるので違和感も小さいだろう」という意見もあった。

小学校から似たようなことをやらされているという既視感は、授業の必要性に対する批判にもつながる。「わざわざこんな授業をしなくても、小中学校や新入社員研修でさんざんやっていることではないか」「日本でやるのになぜナチスなのか。天皇制ファシズムを体験させたほうがいいのでは」。この種の疑問に対しては、次のコメントが的確な回答となっている。「単に体験するのではなく、体験を伴った批判をすることに価値がある授業だと思う。みんな小中学校の運動会や学級会でさんざんやらされたのに、この記事を読んで初めて『ファシズムだ』と気づけるのだから」

読者にとっても、記事の内容が身の周りの状況を見つめ直すきっかけになっている様子がうかがえる。ファシズムは思想・信条にかかわりなく、社会のいたるところに存在する。そのことを認識する機会を提供しただけでも、記事を執筆した目的は達成できたと言うべきだろう。

「小中学校をはじめ、社会のどこにでもこの構造があることに気づくきっかけを与えるよい授業だと思う」

●

ところが『現代ビジネス』の記事が出た直後、大学に一本の電話が入った。それは記事を読んだ中国地方のある右派の地方議員からの電話で、次のような内容であった。

「この授業はまずいと思う。目に見える形で対応してもらいたい」「教育に圧力をかけるつもりはないが、間違っていることは指摘したい」「文科省にも知り合いがいるので、この件を伝えて参議院や衆議院の委員会で問題にすることもできる」

要するに「改善すべき」との一点張りで、具体的な対応を求める内容ではなかったため、大学の関係当局としては、特段の措置は講じない方針で臨むとのことであった。ただ、今後同じようなクレームがあった場合に伝えるべきコメントを用意してほしいとのことで、私は次のように回答した。

「この授業は当該の記事で説明されている通り、決してファシズムを肯定するものではなく、むしろその危険性を認識するために実施されているものである。授業の実施にあたっても充分な配慮をおこなっており、その教育上の目的に鑑みて問題はないものと考えている」

これに加えて、授業実施前に受講生には危険性を周知しており、耐えられないと感じた場合には受講の放棄も認めていること、授業実施後には丁寧なデブリーフィングをおこない、モデルとなった映画を観せて危険性を周知徹底させていることも伝えた。このようなクレームは学問・教育の自由を侵害する恐れがあり、外部の政治勢力からの干渉には毅然と立ち向かうべきだという考えであった。

これで一件落着と思われたが、そうはならなかった。議員のクレームをきっかけに、記事に使われている写真が誤解を招くのではないかという声が、大学の当局から上がりはじめたのである。「文章を読めば誤解の余地はないが、写真だけを見て反応する人もいる」「記事の内容に問題はないが、写真に学生の顔や大学の建物が写っているのは問題である」とのことで、所属学部を通して私に公式な形で、記事の前半の写真を差し替えてほしいとの要請が伝えられた。

私としては学生全員に写真の使用許可を取っており、関係当局にも事前に授業実施を通知していたことなどから、この要請には納得しかねる部分もあったが、大学としての意向であることを考え、やむなく応じることにした。そこで、大学からの要請の内容を明示したうえで、写真を差し替えることにした。苦渋の決断ではあったが、一議員のクレームに屈した形にならなかったことは幸いであった。

●

これ以降、「体験学習」を取り巻く大学内の環境はかなり厳しいものとなった。学外からの取材や写真・動画の取り扱いには慎重を期すること、その内容について事前に関係当局の許諾を得ることなどを要請する学長の通達がおこなわれ、授業に関する情報発信に制約がかかることになったのである。すでに朝日新聞の記事が近々出る予定になっていたことから、当局はその内容に神経をとがらせていた。この間にＮＨＫや関西テレビなどから取材の依頼もあったが、こうした状況では依頼に応じることは難しく、残念ながら謝絶せざるをえなかった。

幸い8月中旬に出た朝日新聞の記事に対してクレームは入らず、記事に使われた写真にも懸念の声は上がらなかった。その後は特に大学内で授業が問題となることはなく、私は10月にウェブ雑誌『ｉｍｉｄａｓ』に記事を寄稿したほか、翌年3月には中日新聞のインタビューにも応じている。

２０１９年4月、そろそろ新年度の「体験学習」の準備に入ろうかという時期になって、私はあらためて非公式に関係当局に問い合わせをおこなった。それに対する回答は、「人目につくグラウンドではなく、体育館など屋内の見えない場所で実施してほしい」「ツイッターでの告知や、マスコミの取材への対応も控えてほしい」という内容であった。

こうした要請を受けて、私は熟慮の結果、体育館での実施や情報発信への規制は受け入れるものの、今回を最後に「体験学習」の実施をひとまず打ち切ることにした。授業を取り巻く環境が厳しくなり、充分な教育効果が望めなくなったことが最大の理由だが、10年にわたって授業を実施し、一定の成果は得られたという思いもあった。

授業でそのことを伝えると、受講生からは「来年からなくなるのは非常に残念」との声が多く寄せられた。このような声に応えるためにも、授業の成果を文章にして広く一般に伝える必要があるとの思いを強くした次第である。

1960年代末にアメリカの小学校で人種差別を体験させる有名な実験授業「青い目、茶色い目」をおこなったジェーン・エリオットは、メディアの注目を集めたことで学校当局や地域社会の反発を招き、最終的に教壇を去ることになった。私には職を賭するほどの覚悟はないが、それでもエリオットの無念が多少は理解できるような気がしている。

ナチズムのことを研究するようになって30年近くになるが、「なぜドイツの人びとはヒトラーを支持したのか」という問題が私の頭を離れることはなかった。

ヒトラーのもつ圧倒的なカリスマ、ラジオや映画を駆使したプロパガンダ、ドイツ国民を失意のどん底に陥れた経済恐慌、ナチ政権のもとで実現した奇跡のような経済復興など、あの時代のドイツ人が独裁者を歓迎するにいたった具体的な要因はいくつも挙げられる。だがドイツ現代史だけでなく、社会学の理論や概念も学んできた私には、それらの個別的な要因の根底に、もっと普遍的で一般的な、歴史性を超越した集団力学に関わるような仕組みがあるのではないかという、漠然とした疑問が残っていた。

そうして大学で社会学の授業を担当しているうち、私はいつの頃からか「権威への服従」という契機に注目するようになった。権威に服従する人間は残忍な行動に走りやすくなる。この単純な事実にこそ、ファシズムの本質があると考えるようになったのである。

ただしこれは、人間にはもともと残忍な性向が備わっているとか、権威主義的性格をもった人間がファシズムの担い手になりやすいとかいったことを意味しない。むしろ「権威への服従」という社会状況が人間の行動を変化させるのであって、特定の状況では誰もが残忍な行動を取る可能性があると理解すべきである。

ファシズムの本質は、集団行動の過激化という普遍的な仕組みにあるのではないか。「体験学習」の研究上の意義は、何よりもこの点を明確に示すことにあると考えられる。

これに対して「体験学習」の教育実践としての意義は、体験的な学習を通じてファシズムへの理解を深め、現実の政治・社会状況に対する鋭敏な感覚を育むことにある。それは学校でのいじめから新興宗教による洗脳、街頭でのヘイトデモまで、似たような仕組みをもつ身近な現象を考える際の手がかりにもなるはずである。その意味で、この授業実践を広く一般読者に紹介することにはそれなりの意義があるのではないか、特に教育関係者にはアクティブ・ラーニングの実践例として参考になる点があるのではないかと考えられる。こうした思いが、本書の執筆に向けて私を後押しすることになった。

とはいえ、「体験学習」は一種の「煽動」をおこなう授業であることから、充分な配慮が必要である。近年の教育現場では、このような危険を伴う授業を実施することはますます困難になっており、本書に対しても、「こんな授業をやって大丈夫なのか?」という懸念や批判の声が上がってもおかしくない。私もそうした声が寄せられることを覚悟しているが、まずは本書の内容を読んで授業の妥当性を判断していただければと考えている。もちろん、授業の意義をどう評価するかは読者次第である。本書がファシズムへの理解を深め、その危険性に対処するために何が必要かを考える一助となれば幸いである。

●

このような拙い内容の一書であるが、本書をまとめるまでには多くの方々の支援と協力を受けた。まず感謝の意を表したいのは、過去10年にわたる「体験学習」に参加してくれた甲南大学の学生たちである。彼らの実習後のレポートからは、ファシズムの考察を深めるうえで多くのヒントを得た。授業の実施にあたっては、甲南大学の教職員の方々からも多大な支援を受けた。彼らの理解と協力なしには、このような授業を10年も続けることはできなかっただろう。

私が所属する文学部社会学科の同僚、特に宮垣元氏（現・慶應義塾大学総合政策学部）からは、授業の内容についても折にふれて具体的なアドバイスをいただいた。記してお礼申し上げたい。

また、一人ひとりお名前を挙げることはできないが、社会学界・歴史学界を中心とした研究者の方々、ツイッター上で貴重な意見を寄せてくださった多くの方々にも感謝を申し上げたい。彼らは「体験学習」の教育的な意義に理解を示してくれただけでなく、数々の鋭い指摘をおこなって考察を深めるのを助けてくれた。私としては、それらの貴重な指摘を本書の内容にいかしたつもりである。

本書の執筆に先立って、講談社『現代ビジネス』の丸尾宗一郎氏からは同誌への寄稿の機会を与えられ、「体験学習」の内容を一般読者にわかりやすく伝えるうえで貴重なアドバイスをいただいた。この記事が大きな注目を集めたことは、大きな自信と励みを与えてくれた。また、2018年の授業を取材し、記事にしてくださった朝日新聞の杉原里美氏からも、取材前後のやりとりのなかで多くの示唆と励ましを受けた。授業が広範な読者の注目を集めるようになったのは、両氏のおかげである。

最後になるが、大月書店の木村亮氏は執筆が遅れがちな私をたびたび励まし、内容や構成への適切な助言を通じて本書を刊行へと導いてくださった。授業の書籍化のお話をいただいてから2年半あまりの間、辛抱強く原稿を待ってもらっただけの内容になっていることを願っている。

田野大輔

2020年2月

# 初出一覧

本書への収載にあたり修正・加筆をおこなっている。左記のほかは書き下ろしである。

第1章　「ナチズムにみる欲望の動員」慶應義塾大学教養研究センター・赤江雄一編『飼う――生命の教養学13』慶應義塾大学出版会、2018年7月

第2章―3　「私が大学で『ナチスを体験する』授業を続ける理由」『現代ビジネス』2018年7月6日　https://gendai.ismedia.jp/articles/-/56393

第4章―3　「ファシズムは楽しい？――集団行動の危険な魅力を考える」『情報・知識&オピニオン imidas』（時事オピニオン）2018年10月19日　https://imidas.jp/jijikaitai/l-40-255-18-10-g746

第6章―2　「『HINOMARU』の歌い方――愛国心の発露にどう対処すべきか」『新聞研究』第808号、2018年11月

著者
**田野大輔**（たの　だいすけ）
1970年生まれ。甲南大学文学部教授。専攻は歴史社会学。

主な著書
『愛と欲望のナチズム』（講談社選書メチエ、2012年）
『魅惑する帝国――政治の美学化とナチズム』（名古屋大学出版会、2007年）ほか

ウェブサイト：http://www.eonet.ne.jp/~dtano/
Eメール：dtano@nifty.com
Twitter：@tanosensei

**装幀**　鈴木 衛（東京図鑑）
**写真**　田中圭祐

ファシズムの教室《きょうしつ》――なぜ集団《しゅうだん》は暴走《ぼうそう》するのか

2020年 4 月15日　第 1 刷発行
2022年 7 月15日　第 6 刷発行

定価はカバーに
表示してあります

著　者　田野大輔
発行者　中川　進

〒113-0033　東京都文京区本郷 2-27-16

発行所　株式会社　大 月 書 店

印刷　太平印刷社
製本　中永製本

電話（代表）03-3813-4651　FAX 03-3813-4656　振替00130-7-16387
http://www.otsukishoten.co.jp/



ISBN978-4-272-21123-4　C0031　Printed in Japan